GYÖNGYÖSI LÍVIA–HETESY BÁ

SOK KICSI SOKRA MEGY

Gyakorlókönyv magyarul tanulóknak

GYÖNGYÖSI LÍVIA–HETESY BÁLINT

SOK KICSI SOKRA MEGY

Gyakorlókönyv magyarul tanulóknak

AKADÉMIAI KIADÓ

Szerkesztette: Doba Dóra

Szaktanácsadó, lektor: Vincze Adrienne

Lektor: Maruszki Judit

Illusztráció: Rontó Lili

Angol fordító: Veréb Zsolt

ISBN 978 963 059 959 7

Kiadja az Akadémiai Kiadó,
az 1795-ben alapított Magyar Könyvkiadók
és Könyvterjesztők Egyesülésének tagja
1117 Budapest, Budafoki út 187–189.
www.akademai.hu
szotar.net

Első kiadás: 2020

Felelős szerkesztő: Thimar Márta
Termékmenedzser: Egri Róbert
Tördelés: BIRD
Borító: Art/And

Printed in the EU

TARTALOM

BEVEZETŐ

Könyvünk a legalább A2 vagy annál magasabb szinten lévő nyelvtanulók számára készült. Nyelvtanári munkánk során számos visszatérő, tipikusnak mondható szóhasználati és nyelvtani tévesztéssel, hibával találkoztunk és találkozunk, ezek közül gyűjtöttünk össze huszonötöt. Olyan nyelvi nehézségeket válogattuk össze és dolgoztunk fel, amelyek gyakoroltatása koncentrált formában hiányzik a kurzuskönyvekből. Gyakorlókönyvünk tehát bármely tankönyv kiegészítéseként használható segédlet, válogatás olyan nyelvi jelenségekből, amelyek tapasztalatunk szerint sok magyarul tanuló számára visszatérő gondot okoznak. A fentiekből következik, hogy nincs kifejezett egymásra épülés a fejezetek között. A 25 fejezet a nyelvtanuló igénye, tudásszintje szerint bármely sorrendben elvégezhető, bár természetesen a fejezetek sorrendiségében az A2 szinttől a B1-ig haladó út körvonalazódik. A B1 szinthez közelebb állóknak ismétlésként ajánljuk az inkább A2-es szintnek megfelelő fejezeteket.

A fejezetek egységesen három fő részből állnak.

Az első egységben a tárgyalt nyelvi jelenségeket példák segítségével mutatjuk be, és a példákon keresztül magyarázzuk el. Figyelmet fordítottunk arra, hogy szemléltető példáink könnyen érthetők legyenek a nyelvtanulók számára. Hangsúlyozzuk: nem törekszünk arra, hogy egy-egy adott szó használatának esetében minden jelenségre kitérjünk. A nehézséget okozókra helyezzük a hangsúlyt, vagyis nem mindenre kiterjedően foglalkozunk egy-egy szóval. Ez a rész kétnyelvű, ezzel segítjük az önállóan, tanár nélkül tanulókat.

A második egységben leíró vagy párbeszédes szöveg következik, hogy a nyelvtanuló szövegkörnyezetben is láthassa a tárgyalt jelenségeket. A szövegek tartalmukat és szereplőiket tekintve éppannyira sokfélék, mint diákjaink: főként felnőttek, de fiatalok és idősebbek, sőt még gyerekek is szerepelnek a legkülönfélébb mindennapi vagy kevésbé mindennapi, olykor humoros élethelyzetekben. Szándékosan kerültük mindazokat a témákat, amelyek a nyelvkönyvekben tipikusan megtalálhatók, így például a napirendet, a betegséget vagy a munkahelyi tevékenységeket érintő helyzeteket. A szövegek könnyebb megértését kétnyelvű miniszótár segíti, amelyben a kulcsszavakat adjuk meg.

A harmadik, egyben legterjedelmesebb egységet a gyakorló feladatok alkotják. Az első feladat a szöveghez kapcsolódik, annak megértését ellenőrzi. Ezt követi a feleletválasztós és kiegészítendő feladatok sora. A feladatok között vannak olyanok, amelyek összefüggő szövegre épülnek. A feladattípusok minden fejezetben nagyjából hasonló sorrendben követik egymást.

A megoldókulcsban közreadjuk a feladatok megoldását.

A könyv írásakor a legnagyobb dilemmát a szövegek nyelvi rétegének, szóhasználatának meghatározása okozta. Szándékunk volt az élő nyelvi fordulatok, a nyelvkönyvekből többnyire hiányzó szavak használata. Köszönjük tanártársainknak, hogy kérésünkre véleményezték az összefüggő szövegeket, és építő kritikáikkal segítették a könyv létrejöttét.

Reméljük, hogy szívesen és haszonnal fogják forgatni könyvünket. Mindenkinek jó gyakorlást kívánunk!

A Szerzők

INTRODUCTION

Our book has been written for language learners with A2 or higher level skills. As teachers of Hungarian as a foreign language we have met several recurring and typical examples of wrong usage and grammar mistakes. This book contains the most important 25 of them. We collected and presented difficulties that are usually not dealt with in such depth in course books regarding their right usage. Our workbook can be used as supplementary material to any course book, as it is a selection of Hungarian usage that keeps causing problems to language learners according to our experience. Consequenty, the chapters are not specifically based on each other. The 25 chapters can be studied in any order depending on the language learner's needs and level of knowledge although they are arranged to outline a path leading from A2 to B1 levels. Learners of B1 level can use the A1 level chapters for revision.

Every chapter consists of three main parts.

In the first part we present the phenomenon with the help of examples and we also use the examples to explain it. The examples were carefully chosen in order to be understood easily. It must be emphasized that it was not our aim to give a comprehensive description of the usage of the given word. We concentrated on the usage that causes problems and did not deal with all aspects of the usage of the word. This part is bilingual, which facilitates self-study.

The second part contains a descriptive text or a dialogue, so learners can see the context of the examined phenomenon. The contents and the characters in the texts are of several different types just like our learners: they are mostly adults but there are younger and older ones, even children in different everyday or not so common, sometimes funny situations. We deliberatedly tried to avoid those situations that are so typical of course books, for example daily routines, illness or activities at the workplace. A bilingual mini vocabulary containing the key words helps the learners to understand the texts more easily.

The third and longest part contains the exercises. The first exercise refers to the text and checks if the learner has understood it. It is followed by a series of multiple choice questions and gap filling exercises. There are exercises based on a coherent text. The types of exercises are mostly in the same order in each chapter.

In the key the learners can find the correct answers.

During the writing of the book the greatest problem was to define the register and the vocabulary of the texts. Our aim was to use colloquialisms and words that are different from the ones typically used in course books. We thank our colleagues for their critical remarks on the texts and their help in creating this book.

We hope you will enjoy our book and find it useful. We hope you will have fun practising Hungarian with it.

The authors

1. KÉR, SZERETNE, AKAR

A *kér, szeretne, akar* igék jelentése nagyon hasonló, használatuk mégis eltérő. Míg a *kér* és a *szeretne* alakok megállják a helyüket bármilyen vásárlásos vagy rendeléses szituációban, kérés és vágy kifejezésekor, az *akar* ige használata ezekben a beszédhelyzetekben udvariatlan, durva lehet. Az *akar* a magyar nyelvben erős szándékot fejez ki, kérésként tehát nem használjuk.

The verbs *kér, szeretne* and *akar* have similar meaning but they differ in their usage. Use *kér* and *szeretne* in any situation when you want to buy or order something or to express a request or a wish but avoid *akar* because it is impolite and rude in these situations. *Akar* implies a strong intention thus it is not used in requests (if we use it our request turns to be a demand).

KÉR ¦ ASK FOR

1. kér (valamit) ask (for something)
   - Pincér: Mit kér? – Vendég: Egy kávét kérek!
     Waiter: What would you like? – Guest: I would like a coffee.
   - Kérek szépen egy kávét! (még udvariasabb kérés)
     I would like a coffee, please. (a more polite request)
2. kér (valamit valakitől) ask (somebody for something)
   - A szüleimtől kértem segítséget.
     I asked my parents for help.
   - Kértem egy kávét a pincértől.
     I asked the waiter for a coffee.
3. kér (valakit valamire) ask (somebody to do something)
   - Arra kértem a szüleimet, hogy segítsenek.
     I asked my parents to help.

FIGYELEM! – N.B.

1. A *kér* ige csak az *enni* és az *inni* főnévi igenevekkel állhat.
   Kér can be followed only by the infinitive form of verbs *enni* and *inni.*
   Mit kérsz enni? Kérsz inni? What would you like to eat? What would you like to drink?
2. A *kérlek* és *kérem* alakok az udvarias felszólítást egészítik ki.
   Kérlek and *kérem* forms of the verb can be used in polite imperative sentences.
   Add ide a sót, kérlek! (te) Give me the salt, please. (informal)
   Kérem, adja ide a sót! (ön) Give me the salt, please. (formal)

SZERETNE ¦ WOULD LIKE

1. szeretne (valamit) would like (something)
   - Mit szeretnél? What would you like?
   - Szeretnék egy kiskutyát. I would like a puppy.
   - Nagyon szeretnék egy kiskutyát. (erősebb kívánság)
     I would love to have a puppy. (stronger wish)
   - Egy kávét szeretnék! (= Egy kávét kérek!)
     I would like a coffee. (szeretnék = kérek)
2. szeretne (valamit csinálni) would like (to do something)
   - Mit szeretnél csinálni? What would you like to do?
   - Szeretnék sokat utazni. I would like to travel widely.
   - Nagyon szeretnék sokat utazni. (erősebb kívánság)
     I would love to travel widely. (stronger wish)
   - Egy kávét szeretnék kérni! (*szeretnék* + *kér* együtt is használható)
     I would like to have a coffee. (*szeretnék* + *kér* can be used together)
3. szeretne (valamit valakitől) would like (something from somebody)
   - Mit szeretnél Katitól? What would you like Kati to do?

FIGYELEM! – N.B.

Szerettem volna elmenni a koncertre, de beteg lettem. (múlt idejű alakja: *szerettem volna)*

I would have liked to go to the concert but I was taken ill. (past tense form: *szerettem volna*)

AKAR ¦ WANT

1. akar (valamit) want (something)
   - Mit akarsz? What do you want?
   - Egy szabadnapot akarok. I want a day off.
2. akar (valamit csinálni) want (to do something)
   - Mit akarsz csinálni? What do you want to do?
   - Nem akarok zavarni. I don't want to disturb.
   - Haza akarok menni, mert nem érzem jól magam.
     I want to go home because I am not feeling well.

FIGYELEM! – N.B.

Kérek egy kávét! / Szeretnék egy kávét! ≠ Akarok egy kávét!
Rendeléskor, vásárláskor az *akar* használata udvariatlan, durva.
A coffee, please. / I would like a coffee. ≠ I want a coffee.
Avoid *akar* when buying or ordering something because it is impolite and rude.

ÚJÉVI TERVEK

Újév van. Megfogadom, hogy ez az év egészen más lesz, mint a tavalyi év volt. Mindig olyan sok ötletem van, hogy mit *szeretnék* másképp *csinálni*, és a végén általában nem lesz a terveimből semmi. Azt *akarom* végre *csinálni*, *amit* igazán *szeretnék*. Írtam egy listát a terveimről és a vágyaimról, hogy ne felejtsek el semmit.

- ✗ Több *szabadidőt szeretnék*. Nem *akarok* sokat *dolgozni*, *szeretnék* többet *pihenni*.
- ✗ *Utazni szeretnék*, világot látni. Vonattal *szeretném körbeutazni* Európát. Sok érdekes emberrel *szeretnék találkozni*.
- ✗ Végre meg *akarok tanulni* síelni.
- ✗ *Sportolni akarok*. Egy héten legalább háromszor *szeretnék futni* vagy biciklizni.
- ✗ Diétázni fogok. Akkor is azt fogom mondani, hogy nem *kérek*, ha a nagymama a kedvenc sütimmel kínál.
- ✗ Ha valaki megkínál cigivel, azt fogom mondani, hogy köszönöm, nem *kérek*. *Le akarok szokni* a dohányzásról.
- ✗ Oda fogok figyelni arra, hogy udvarias legyek: többször fogom azt mondani, hogy *szeretnék*, mint azt, hogy *akarok*.

MINISZÓTÁR

dohányzás: smoking
körbeutazik: travel around
megfogad (valamit): make/take a vow
megkínál (valakit valamivel): offer (something to somebody)
odafigyel (valakire/valamire): listen (to somebody/something)
ötlet: idea
vágy: wish
világot lát: see the world

1. **Válaszoljon a kérdésekre a szöveg alapján! Mit szeretne a fiatalember?**

1. Mit akar / szeretne? Írjon öt dolgot!

   ....

   ....

2. Mit nem akar? Mit nem szeretne?

   ....

3. Mit nem fog kérni?

   ....

2. **Mi lesz ma a program? Melyik a helyes?**

Férfi: Mit kérsz / szeretnél (0.) csinálni ma este?
Nő: Semmit. Fáradt vagyok, itthon akarok / kérek (1.) maradni.
Férfi: De én éhes vagyok, és étterembe akarok / kérek (2.) menni!
Nő: Inkább főzök neked valamit. Mit kérsz / szeretnél (3.) vacsorázni, spagettit vagy rizses húst?
Férfi: Hm, rendben. Ha nagyon akarsz / kérsz (4.) főzni, akkor spagettit akarok / kérek (5.) szépen!
Nő: Van egy jobb ötletem! Nem akarunk / kérünk (6.) pizzát rendelni?

3. **Keresse meg a párokat!**

0. *Nagyon szeretnék már*
1. Soha többé nem akarok
2. Azt szeretném, ha
3. Születésnapomra szeretnék
4. Meg akarok tanulni
5. Kérek szépen még egy
6. Nyáron sokat akarok
7. Kérlek,

a) figyelj most egy kicsit!
b) egy kiskutyát a szüleimtől.
c) magyarul.
d) utazni.
e) szalvétát.
f) nem kellene korán kelni.
g) *aludni egy jót.*
h) túlórázni.

0.	1.	2.	3.	4.	5.	6.	7.
g							

4. ***Kérek*** **vagy** ***szeretnék?*** **Írja be a megfelelő szót a mondatokba! Ha mindkét igét lehet használni, írja be mind a kettőt!**

0. Egy mentes vizet *kérek/szeretnék*.

1. Pihenni ....
2. Haza .... már menni.
3. Köszönöm, már nem .... semmit.
4. .... kérdezni valamit.
5. .... egy üveg narancslét.
6. Még egy kis időt ....

5. **Egészítse ki a párbeszédeket a *kér, szeretne, akar* megfelelő alakjával! Figyeljen a ragozásra! Több megoldás is lehetséges.**

a) Kati és Peti Barcelonába mennek

Andi: Hallom, mentek Barcelonába. Mit *szeretnétek* (0.) ott csinálni?
Kati: Mindketten sokat .... (1. kér / szeretne) sétálni, és persze .... (2. kér / szeretné) megnézni a helyi nevezetességeket is. Én a piacon is .... (3. kér / szeretne) körülnézni. Peti pedig mindenképpen látni .... (4. kér / akar) egy meccset a stadionban.

b) A büfében

Büfés: Szia! Mit *kérsz* (0.)?
Vásárló: Szia! Egy lángost .... (1. kér / akar).
Büfés: Milyen lángost .... (2. szeretne / akar)?
Vásárló: Sajtos-tejfölöset .... (3. kér szépen / akar).
Büfés: Fokhagymát .... a lángosra (4. kér / akar)?
Vásárló: Nem, köszönöm, nem .... (5. kér / akar).

c) A pályaudvaron

Utas: Jó napot! Egy jegyet *kérek/szeretnék* (0.) Debrecenbe, a következő vonatra. Van diákigazolványom.
Jegypénztáros: Jó napot! Számlát .... (1.)?
Utas: Nem, nem .... (2.). Köszönöm. Kártyával .... (3.) fizetni.

d) A pékségben

Eladó: Jó napot kívánok! Mit adhatok?
Vásárló: Jó napot! Négy zsemlét *kérek/szeretnék* (0.), és két almás rétest.
Eladó: Tessék! .... (1.) még valamit?
Vásárló: Köszönöm, nem. Bankkártyával .... (2.) fizetni.
Eladó: Rendben. Zacskót .... (3.)?
Vásárló: Nem, nem .... (4.)

6. **Nem akarok semmit! Írja be a hároméves, majd a tizenhárom éves Áron válaszait édesanyja kéréseire! Használja az *akar* ige megfelelő alakját!**

Áron hároméves.

0. Gyere, Áronka, öltözz fel! – *Nem akarok felöltözni!*
1. Egyél répát is! – ....
2. Itt van a teád, idd meg! – ....
3. Megyünk a boltba, gyere! – ....
4. Késő van, megyünk aludni! – ....
5. Vedd fel a kabátod! – ....

Áron tizenhárom éves.

6. Rakj rendet a szobádban, kérlek! – ....
7. Csináld meg a leckéd! – ....
8. Este 9-re legyél itthon! – ....
9. Hát akkor mit akarsz? – ....

7. Mindenki kér valakitől valamit. Alkosson mondatokat a *kér* igével! Több megoldás is lehetséges.

KI	MIT	KITŐL
0. Az ellenőr *a jegyeket kéri az utasoktól.*	egy aláírás	az autós
1. A gyerekek	csoki	a főnök
2. A rendőr	nyugalom	a gyerekek
3. A titkárnő	*a jegyek*	a Mikulás
4. Az anyuka	a jelszó	a nagypapa
5. Az unoka	a jogosítvány	az ügyfél
6. Az ügyintéző	tanács	*az utasok*

8. Kérdezzen az aláhúzott mondatrészekre!

0. Kérek még egy kis salátát! – *Mit kérsz még?*
1. Az idén a Balatonnál szeretnénk nyaralni.
....
2. Ma este szeretnék a barátommal találkozni.
....
3. Köszönöm, majd később kérek enni. Még nem vagyok éhes.
....
4. Semmit nem akarok!
....
5. Nem akarok aludni, nem vagyok álmos.
....
6. A főnökömtől kértem egy céges telefont az új munkámhoz.
....

9. Fodrászhoz megyek. Kérdezzen az aláhúzott mondatrészekre!

0. Jövő héten fodrászhoz akarok menni. – *Hová akarsz menni?*
1. Holnap felhívom, és kérek tőle időpontot.
....
2. Munka előtt szeretnék menni hozzá.
....
3. Rövid frizurát akarok.
....

4. Csak egy kicsivel rövidebb hajat szeretnék.

....

5. És persze nem kérek festést.

....

10. A magyarcsoportban. Alkosson mondatokat! Figyeljen a ragozásra!

0. Joe, beszél, sokat, szeretne – *Joe sokat szeretne beszélni.*

1. Hans és Klaus, megtanul, sok új szó, szeretne

....

2. Laura, több házi feladat, a tanár, kér

....

3. Dave, magyar kollégája, kér, segítség

....

4. Sarah, a nyelvtan, akar, megért

....

5. a spanyol lányok, gyakorol, a kiejtés, akar

....

6. Diego, új, szeretne, barátokat, magyar

....

7. Ivan, szeretett, magyarul, volna, megtanulni, már, régen

....

8. Joe, nagyszüleivel, a, szeretne, magyar, beszélgetni

....

9. Maria, énekel, akar, dalokat, magyar

....

10. az olasz diákok, filmeket, a tanár, kér, magyar

....

11. Kati és az eső. Írja be a megadott szavak helyes alakját!

Tegnap sajnos egész nap esett az eső.

0. Pedig olyan sok jó dolgot *akartam* (akar, én) csinálni!

1. Éppen tegnapra .... (kér, én) szabadnapot a főnökömtől.
2. Délelőtt ablakot .... (akar, én) mosni.
3. Aztán délben egy kertvendéglőben .... (szeretne, én) ebédelni anyukámmal.
4. Délután .... (szeretne, én) sétálni egy nagyot a kutyámmal.
5. Este pedig a teraszon .... (akar, mi) kártyázni a barátaimmal.
6. A barátnőmet arra .... (kér, én), hogy hozzon egy jó társasjátékot.
7. .... (szeretne, mi) a teraszon grillezni.

12. Vendégségben. Melyik a helyes?

Bea: Gyere be! Mit *kérsz* (0.) inni? Pezsgőt? Bort, sört vagy inkább üdítőt .... (1.)?	(a) kérsz b) kéred c) kérni a) szeretnéd b) szeretnél c) akarod
Eszter: Egy pohár pezsgőt .... (2.)!	a) akarom b) kérek c) kérem
Bea: Tessék! Van sok finomság is: szendvicsek, saláták, sütemények... Mit .... (3.)?	a) kéred b) kérsz c) kérsz szépen
Eszter: Köszönöm, csak egy kis salátát .... (4.).	a) kérem b) szeretnék c) szeretném
Bea: Nem vagy éhes? Nem .... (5.) egy melegszendvicset?	a) kéred b) kérsz c) akarod
Eszter: Köszönöm, nem .... (6.). Biztosan finom, de nem .... (7.) kenyeret enni, mert fogyókúrázom.	a) kérek b) kérem c) akarok szépen a) akarok b) akarom c) kérek
Bea: Értem. És hogyan fogyókúrázol?	
Eszter: Figyelek arra, hogy mit eszem, és sportolni is .... (8.) valamit.	a) kérem b) szeretnék c) szeretném
Bea: Mit .... (9.) sportolni?	a) kérsz b) szeretnéd c) szeretnél
Eszter: Futni biztosan nem .... (10.). Úszni .... (11.), vagy tornázni.	a) akarok b) akarom c) szeretném a) akarom b) szeretnék c) szeretném
Bea: Hajrá!	

13. Beteg vagyok. Fejezze ki másképp *(kér, szeretne, akar)!* Figyeljen a ragozásra! Több megoldás is lehetséges.

Egyáltalán nincs kedvem elmenni erre a ma esti koncertre. A barátom nagyon örülne, de én nem érzem jól magam. Munka után jó lenne elmenni az orvoshoz, mert szeretnék kapni tőle egy erősebb gyógyszert, és szeretnék kérni tőle egy beutalót is a kórházba. Azután otthon fogok maradni, és tízkor már aludni fogok.	*Nem akarok* (0.) elmenni erre a ma esti koncertre. A barátom nagyon .... (1.), de én nem érzem jól magam. Munka után .... (2.) elmenni az orvoshoz, mert .... (3.) tőle egy erősebb gyógyszert, és .... (4.) tőle egy beutalót is a kórházba. Azután otthon .... (5.) maradni, és tízkor már aludni .... (6.).

14. **Egészítse ki a mondatokat az alábbi szavakkal, illetve végződésekkel, és párosítsa a megfelelő befejezéssel!**

arra ▪ azt ▪ -t ▪ -tól/-től

0. *Arra kéri a szomszédot,*
1. Arra kéri az autószerelő.......... ,
2. .... kéri a takarítónőtől,
3. .... kéri a személyi edzőt,
4. Azt kéri a taxis.......... ,
5. .... kéri a kórházi nővértől,
6. .... kéri a manikűröst,
7. .... kéri az eladótól a mobilboltban,

a) hogy a konyhaablakot is mossa le.
b) hogy a Parlament felé menjen.
c) hogy intenzívebb edzést tartson.
d) *hogy ne hallgasson éjszaka hangosan zenét.*
e) hogy nézze meg a gázpedált is.
f) hogy adjon neki még fájdalomcsillapítót.
g) mutasson neki egy másik tokot.
h) pirosra fesse a körmeit.

0.	1.	2.	3.	4.	5.	6.	7.
d							

15. **Önnek milyen tervei vannak? Fejezze be a mondatokat!**

1. Jövőre mindenképpen akarok ....
....
....
2. Jövőre semmiképpen nem akarok ....
....
....
3. Le akarok szokni a/az ....
....
....
4. Nagyon szeretném, ha ....
....
....
5. Azt szeretném, hogy ....
....
....
6. Azt akarom elérni, hogy ....
....
....
7. Már soha többé nem akarok ....
....
....

2. SZERET, SZERETNE, UTÁL – IMÁD

A *szeretne* a *szeret* ige feltételes módú alakja. Hasonló hangzása miatt a nyelvtanulók gyakori hibája a két alak összekeverése.

Szeretne is the conditional form of the verb *szeret*. Although they sound similar do not mix them up.

SZERET | LIKE

1. szeret (valakit, valamit) like/love (someone, something)
   - Kit szeretsz? Who do you like?
   - Szeretem anyukámat. (szeretet) I like my mum. (like)
   - Szeretem a feleségemet/férjemet. (szerelem) I like my wife/husband. (love)
   - (Én) szeretlek (téged). I love you.
   - Szeretem a spagettit. I like spaghetti.
   - Szeretem a macskákat. I like cats.
2. szeret (valamit csinálni) like (doing something)
   - Mit szeretsz csinálni? What do you like doing?
   - Szeretek gitározni. I like playing the guitar.

FIGYELEM! – N.B.

A *szeret valamit csinálni* tartalmat a *szívesen csinál* szerkezettel is kifejezhetjük.
Instead of *szeret valamit csinálni* (he/she likes doing something) the phrase *szívesen csinál* (he/she does something with pleasure) can also be used.
Szeretek főzni. – Szívesen főzök. I like cooking. – I cook with pleasure.

SZERETNE | WOULD LIKE

(Lásd 1. fejezet!) (See Chapter 1)

A *szeret* és a *szeretne* jelentése eltérő.
Notice the difference between *szeret* (like) and *szeretne* (would like to):

1. Mit szeretsz csinálni? Mi a hobbid? – Szeretek jógázni. (szívesen csinál valamit)
   What do you like doing, what's your hobby? – I like doing yoga. (enjoy doing something)
2. Mit szeretnél csinálni holnap? – Holnap jógázni szeretnék, de félek, hogy nem lesz időm. (kívánság, vágy)
   What would you like to do tomorrow? – Tomorrow I would like to do yoga but I'm afraid I won't have enough time. (desire, wish)

UTÁL – IMÁD ¦ LOVE – HATE

- Utálom a macskákat. I hate cats.
- Egyáltalán nem szeretem a macskákat. I don't like cats at all.
- Nem szeretem a macskákat. I don't like cats.
- Nem nagyon szeretem a macskákat. I am not very fond of cats.
- Szeretem a macskákat. I like cats.
- Nagyon szeretem a macskákat. I like cats very much.
- Imádom a macskákat. I love cats.

TÚRÓ RUDI

A játszótéren két gyerek ül a padon: egy fiú és egy lány. A fiú Túró Rudit majszol. Beszélgetnek.

Lány: Te is *szereted a* Túró *Rudit?* Én nagyon *szeretem.*

Fiú: Igen, meg még *szeretem a* vajas *kiflit, a kakaót, a* mákos *tésztát...*

Lány: A legjobb a Túró Rudi! Úgy *szeretnék* én is *enni* egyet!

Fiú: Szerintem is az a legjobb! Nekem nagyon tetszik a tesód biciklije. Én is *imádok biciklizni.* Egyszer *szeretnék* veletek *menni.*

Lány: Jó, ha *szeretnél,* gyere nyugodtan! Étcsokis vagy tejcsokis a Rudid? Én *az étcsokisat szeretem* jobban.

Fiú: Én is *azt szeretem* a legjobban. Te is *szeretsz* fára *mászni?* Ott van az a nagy diófa. Másszunk fel rá! Csak még megeszem a Rudimat. Nagyon finom!

Lány: Jó, menjünk, ha *szeretnéd.* Csak most már nagyon éhes vagyok.

Fiú: De jó, hogy *szeretsz biciklizni,* meg fára *mászni,* és te is az étcsokis *Rudit szereted! Szeretnél hallani* egy titkot?

Lány: Persze!

Fiú: Azt hiszem, *szeretlek.*

Lány: Ne mondd! Akkor adsz végre a Túró Rudidból?

MINISZÓTÁR

diófa: walnut tree
étcsoki, étcsokis: bitter chocolate
fára mászik: climb up a tree
játszótér: playground
majszol (valamit): munch (something)
mákos tészta: noodles with poppy seed
„Túró Rudi": Hungarian dessert: chocolate-coated cottage cheese bar
teso: bro and sis
végre: finally

1. Töltse ki a táblázatot a szöveg alapján!

	A LÁNY	A FIÚ
Mit szeret?		
Mit szeret csinálni?		
Mit szeretne?		

2. Töltse ki a táblázatot!

~~a halat~~ ▪ ~~főzni~~ ▪ a spenótot ▪ a Túró Rudit ▪ kirándulni ▪ repülni ▪ várni ▪ sorban állni ▪ biciklizni ▪ a telet ▪ a hóesést ▪ a karácsonyt ▪ járok moziba ▪ krimiket olvasni ▪ futni ▪ korcsolyázni ▪ énekelni ▪ táncolni ▪ csetelni ▪ bulizni ▪ vezetni ▪ túlórázni ▪ a macskákat ▪ a kutyákat ▪ beszélgetek idegenekkel ▪ dolgozom hétvégén ▪ takarítok

Utálok	
Utálom	
Nem szeretek	
Nem szeretem	*a halat*
Szívesen	
Nem szívesen	
Szeretek	
Szeretem	
Nagyon szeretek	*főzni*
Nagyon szeretem	
Imádok	
Imádom	

3. Budapest, szeretlek! Egészítse ki a mondatokat a megadott szavakkal!

~~szeretem~~ ▪ sok ▪ hogy ▪ imádom ▪ sétálgatok ▪ megnézni ▪ magyarokat

0. Nagyon *szeretem* Budapestet.

1. Imádom, ... sok érdekes hely van a városban.
2. Szívesen .... a belvárosban, és nézegetem a házakat.
3. Azt is szeretem, hogy .... kávézó van a városban.
4. Már sok nevezetességet láttam, de szeretnék még .... néhány kiállítást is.
5. Szeretem a ...., nagyon kedves emberek.
6. A pálinka pedig isteni! ....!

4. Mit szeretnénk? Válassza ki, melyik megoldás helyes az alábbi mondatokban!

0. Iskolában: Én csak (azt) / egy dolgot szeretném kérdezni, hogy...
1. Iskolában: Én csak azt / egy dolgot szeretnék kérdezni: azt, hogy...
2. Étteremben: Elnézést, szeretnék kérni egy villát / a számlát!
3. Étteremben: Elnézést, szeretném kérni egy villát / a számlát!
4. Boltban: Jó napot! Egy kiló / Azt a kenyeret szeretnék kérni!
5. Boltban: Jó napot! Egy kiló / Azt a kenyeret szeretném kérni!
6. Iskolában: Bocsánat, tanárnő! Szeretném megkérdezni valamit / a házi feladatot!
7. Iskolában: Bocsánat, tanárnő! Szeretnék kérdezni valamit / a házi feladatot!
8. Buszon: Bocsánat, szeretném leszállni / kilyukasztani a jegyemet!
9. Buszon: Bocsánat, szeretnék leszállni / kilyukasztani a jegyemet!
10. Otthon: Apa! Szeretném megnézni ezt a mesét / egy mesét!
11. Otthon: Apa! Szeretnék a mesét / mesét nézni!
12. Otthon: Apa! Szeretnélek lerajzolni téged / a kiskutyánkat!

5. Melyik a helyes?

0. Imádok sportolni, főleg *futni* szeretek.

   (a)) futni b) futok c) futást

1. Reggel nem szeretek ....

   a) fut b) futni c) futok

2. Veled mindig .... beszélgetek.

   a) szeretek b) szívesen c) szeretnék

3. Egyáltalán nem .... telefonálni.

   a) szeretem b) szeretek c) szeretlek

4. .... várni.

   a) Utálok b) Utálni c) Utálom

5. ...., ha elromlik a számítógépem.

   a) Utálok b) Utálni c) Utálom

6. Nyári estéken szívesen ....

   a) sétálok b) sétálni c) szeretek sétálni

7. .... a természetet.

   a) Szeretek b) Szeretem c) Szívesen

8. Gyerekkoromban .... biciklizni. Minden hétvégén biciklitúrára mentem.

   a) szerettem volna b) szerettem c) szeretek

9. .... veled menni, de sajnos nem tudtam.

   a) Szerettem b) Szerettem volna c) Szeretek

6. ***Szeretek/szeretem*** **vagy** ***szeretnék/szeretném?*** **Válassza ki, melyik igealak hiányzik a mondatokból!**

0. *Szeretek* főzni, ez a hobbim. Ma este *szeretnék* valami különleges ételt készíteni.

1. Nagyon .... a zöldséges ételeket. Ma is .... enni egy salátát.
2. .... Beethoven szimfóniáit. Pénteken lesz egy koncert a Zeneakadémián, ... elmenni.
3. Most nem .... új mobilt venni. .... a telefonomat, ... vele fotózni.
4. .... sportolni valamit, de mit? Futni és úszni nem .... , és a teniszt sem ....
5. Mikor találkozunk? .... visszaadni a könyvedet.
6. Azt .... kérdezni, hogy mikor lesz a következő munkaszüneti nap.

7. **Végül megismertem a nagymamádat… Írja le múlt időben a mondatokat!**

UNOKA	NAGYPAPA
0. Nagyon szeretek bokszolni.	Ó, régen én is nagyon *szerettem* bokszolni.
1. Úgy szeretnék karatézni!	Ó, régen én is .... karatézni.
2. Akarok venni egy motort.	Ó, fiatalkoromban én is .... venni egy motort, de nem volt rá pénzem.
3. Szeretem a nagy házibulikat.	Ó, régen én is .... a nagy házibulikat.
4. Szeretek inni.	Ó, régen én is nagyon .... inni.
5. Sok barátnőt szeretnék.	Ó, régen én is sok barátnőt ....
6. Szívesen beszélgetek csinos lányokkal.	Ó, régen én is szívesen .... csinos lányokkal.
7. Egyedül akarok élni.	Ó, régen én is egyedül .... élni. De azután szerencsére megismertem a nagymamádat, és már hatvan éve nagyon szeretem őt.

8. **Hobbik és kívánságok a családunkban. Alkosson mondatokat!**

0. szeret, mind a négyen, kirándul – *Mind a négyen szeretünk kirándulni.*

1. rajzol, fiam, szeret, nagyon, a

   ....

2. lányom, romantikus sorozatok, a, imád, a

   ....

3. foci, férjem, fiam, a, és, a, szeret, a

   ....

4. maraton, fut, jövőre, férjem, a, szeretne

   ....

5. lányom, a, segít, szívesen, a, kertben, nekem

   ....

6. szeretne, én, jövő nyáron, India, utazik

   ....

9. **Kölcsönös érzelmek. Fejezze be a mondatokat a megadott igével és a megfelelő személyes névmással!**

0. Nagyon szeretlek téged! Te is *szeretsz engem*?

1. Rita nénit nagyon szeretik a gyerekek, és a tanárnő is ....
2. Nagyon szeretem anyukámat, és ő is ....
3. Utáljuk a szomszédunkat, és ő is ....
4. Imádom a kutyáimat, és tudom, hogy ők is ....
5. Kati nem szereti a matektanárát, és a tanár sem ....

10. **Mit szeretett, mit nem szeretett gyerekkorában és most? Egészítse ki a mondatokat!**

1. Emlékszem, gyerekkoromban nagyon szerettem ....
2. Még most is szeretek ....
3. Imádtam a/az ....
4. Amikor gyerek voltam, utáltam a/az ...., de most szeretem.
5. A barátaimmal nagyon szerettünk .... járni.
6. Most a barátokkal .... járunk.
7. Soha nem szerettem a/az .... Régen sem, és most sem.
8. Mindig szívesen mentem ....

11. **Mit szeretne, és mit nem szeretne csinálni a jövőben? Egészítse ki a mondatokat!**

1. A következő öt évben biztosan szeretnék ....
2. Nem hiszem, hogy szeretnék ....
3. Nem vagyok biztos benne, de talán szeretnék ....
4. Sokszor gondolok arra, hogy szeretnék elutazni ....
5. Ha lesz rá lehetőségem, szeretnék .... tanulni.
6. Az az egy biztos, hogy nem szeretnék ....

12. Hol szeretnénk nyaralni? Válassza ki a helyes igét!

Férj: Hová szeretnél (0.) menni a nyáron, édesem?	a) szereted b) szeretnél c) szeretnéd
Feleség: Nem tudom, drágám. Te hová .... (1.) utazni?	a) szereted b) szeretnél c) szeretnéd
Férj: Skóciába vagy Írországba már régóta .... (2.) elmenni.	a) szeretem b) szeretnék c) szeretném
Feleség: Jaj, oda ne menjünk! Nem .... (3.) sem a hideget, sem az esőt.	a) szeretek b) szeretnék c) szeretem
Férj: Rendben. Akkor menjünk inkább Balira?	
Feleség: Balit .... (4.), de ott már voltunk háromszor. Új helyre .... (5.) menni.	a) szeretek b) imádom c) szeretnék a) szeretem b) szeretnék c) szeretném
Férj: Hm... Peru? Mexikó?	
Feleség: Biztos, hogy nem! Tudod, hogy nem .... (6.) azt a sok unalmas templomot.	a) szeretek b) szeretem c) szeretnék
Férj: Ausztrália vagy Új-Zéland?	
Feleség: Az olyan messze van! Nem .... (7.) a nyaralás felét a repülőn tölteni.	a) szeretek b) szeretnék c) szeretném
Férj: Akkor mit .... (8.) csinálni?	a) szereted b) szeretnél c) szeretnéd
Feleség: Napozni .... (9.), koktélokat inni, táncolni és sokat nevetni.	a) szeretem b) szeretném c) szeretnék
Férj: Mit szólnál Kubához? Szerintem ott biztosan jól éreznéd magad.	
Feleség: Kuba? Az jó lesz! Remek ötlet, drágám! Úgy .... (10.), hogy mindig kitalálod, mit .... (11.). Jaj, úgy .... (12.)!	 a) szeretek b) szeretem c) szeretnék a) szeretem b) szeretek c) szeretnék a) szeretek b) szeretlek c) szeretem
Férj: Én is .... (13.), édesem!	a) szeretnék b) szeretném c) szeretlek

3. TETSZIK, SZERET, KEDVEL, ÍZLIK

A *tetszik* és a *szeret* szavakat a nyelvtanulók gyakran összekeverik. Míg a *tetszik*et akkor használjuk, ha első látásra, hallásra valakit vagy valamit rokonszenvesnek, szimpatikusnak találunk, a *szeret* ige használata mélyebb érzelmet, kötődést feltételez. A *kedvel* pedig a kettő között áll: már jobban ismerünk valakit/valamit annál, hogy csak tetsszen, de még nem ismerjük annyira, hogy szeressük.

The difference between the meaning of *tetszik* and *szeret* (in English they both mean to like) is not as distinct in other languages as in Hungarian. Use *tetszik* if you find somebody or something pleasant, nice, likeable at first sight or first hearing, while *szeret* implies deeper feeling or affection. *Kedvel* is somewhere between the two: use it if you know someone or something more deeply but you do not feel especially attracted to it.

TETSZIK | LIKE / AROUSE SOMEONE'S LIKING / AFFECTION

tetszik (valaki, valami valakinek) like (someone has aroused something's liking)

- Ez a fiú jól néz ki, tetszik (nekem).
  This boy looks great, I like him.
- Mi tetszik neked? What do you like?
- A kabátod tetszik (nekem). (szépnek látom)
  I like your coat. (it looks nice)
- Tetszik (nekem) ez a zene, nagyon szép. (szépnek hallom)
  I like this music, it is very nice. (it sounds nice)
- Eladó: Hogy tetszik ez a ruha? – Vásárló: Nagyon tetszik, megveszem!
  Shop assistant: How do you like this dress? – Customer: I like it very much, I will take it.
- Ez a kabát nekem jobban tetszik, mint a másik. (jobban tetszik, mint...)
  I prefer this coat to the other one. (like better)
- Nem tetszik (nekem az), hogy nem figyelsz.
  I don't like it that you are not listening.

KINEK?	TETSZIK / TETSZENEK	VALAKI(K) / VALAMI(K)
nekem I neked, önnek you (informal and formal) neki, Katinak he/she/Kate nekünk we nektek, önöknek you (informal and formal) nekik, a lányoknak they, the girls	tetszik/tetszett likes/liked tetszenek/tetszettek like/liked	ez a kabát this coat ezek a kabátok these coats

FIGYELEM! – N.B.

- ~~Tetszik utazni.~~ → Szeretek utazni.
  Főnévi igenév nem követheti a *tetszik* igét. Ha egy cselekvésről nyilatkozunk pozitívan, akkor a *szeret* igét használjuk.
  The verb *tetszik* can not be followed by an infinitive. If we like doing something, we must use the verb *szeret.*
- ~~Én~~ tetszik a kabát. → Nekem tetszik a kabát.
  Ügyeljünk arra, hogy a mondat alanya az lesz, ami tetszik, és nem az, aki a tetszését kifejezi. Utóbbi a *-nak/-nek* ragot kapja meg.
  Note that the subject of the Hungarian sentence is what is liked and not the person liking it. The person receives the suffix *-nak/-nek.*

SZERET ¦ LIKE

(Lásd 2. fejezet!) (See Chapter 2)

Néhány példamondat a különbségek szemléltetésére
Some sentences to illustrate the differences

tetszik → szeret

A kirakatban látom: Nagyon tetszik *ez a cipő!* I see them in a shop window: I like these shoes very much.	Miután megvettem és hordom: Nagyon szeretem *ezt a cipőt*, kényelmes. I have bought them and have been wearing them: I like these shoes very much, they are comfortable.
Először járok ott, és felfedezem az országot: Nagyon tetszik *Spanyolország.* Tetszenek a mediterrán *emberek.* It is my first visit there and I'm exploring the country: I like Spain very much. I like Mediterranean people.	Már ismerem, és többet tudok róla: Szeretem *Spanyolországot* és *a spanyolokat.* I have already been there and know more about it: I like Spain and I like Spanish people.
Egy kapcsolat elején: Tetszik nekem *Zsuzsi.* Tetszik *a stílusa.* At the beginning of a relationship: I like Sue. I like her style.	Már jobban ismerem Zsuzsit: Szeretem *Zsuzsit*, feleségül fogom venni. I know Sue better: I like / love Sue, I'm going to marry her
Tetszett neked az új James Bond-*film?* Did you like the new James Bond film?	Nem szeretem *az akciófilmeket*, de ez tetszett. Nem szeretek *akciófilmeket* nézni. I don't like action films, but I liked this one. I don't like watching action films.

KEDVEL ⁝ LIKE

kedvel (valakit, valamit) like (someone, something)

- Kedvelem Dávidot. Mindig kedves és segítőkész. (Rokonszenvesnek tartom, de nem ismerem őt olyan jól, hogy a *szeret* szót használjam.)
  I like David. He is always so nice and helpful. (I find him likeable but I don't know him so well, so I cannot use *szeret*.)
- (Én) nagyon kedvellek (téged). I like you a lot.
- Kedvelem a színes ruhákat. Ha jó kedvem van, mindig valami színeset veszek fel.
  I like colourful dresses. When I'm in high spirits I always put on something colourful.

A *kedvel* a *tetszik* és a *szeret* között áll, fokozatbeli különbség van köztük. Ritkábban használt forma.
Kedvel is between tetszik and *szeret*, the difference is that of scale. It is a less frequently used form.

- Tetszik nekem Dávid, olyan szép a mosolya!
  I like David, he has such a nice smile.
- Nem ismerem olyan jól Dávidot, de kedvelem. Mindig kedves és segítőkész.
  I don't know David well, but I like him. He is always nice and helpful.
- Nagyon szeretem Dávidot, ő a legjobb barátom.
  I like David very much, he is my best friend.

FIGYELEM! – N.B.

~~Kedvelek úszni~~. → Szeretek úszni. (Kedvelem az úszást.) (I like swimming)
Főnévi igenév nem követheti a *kedvel* igét. Ahogyan a *tetszik* esetében, úgy itt is a *szeret* igét használjuk helyette.
Kedvel can not be followed by an infinitive. As in the case of *tetszik*, the verb *szeret* is used instead.

ÍZLIK ⁝ TASTE

Ízekkel, ízleléssel kapcsolatban használjuk. Used in connection with taste, flavour, tasting.
ízlik (valakinek valami) taste (something to someone)

- Hogy ízlik a leves? – Köszönöm szépen, finom! Nagyon ízlik!
  How do you like the soup? – Thank you, fine! It tastes great.
- Nagyon szeretem a gulyást, de ez most nem ízlett.
  I like goulash very much but I didn't like this one.

AZ AJÁNDÉK

Két barátnő beszélget egy üzlet kirakata előtt.

Ági: Zsófinak születésnapja lesz. Mit adjunk neki?
Dóri: Nagyon *szereti a táskákat*, szerintem vegyünk neki egyet!
Ági: Jó ötlet! Nézd csak, milyen szép táskák vannak itt! *Nekem* nagyon *tetszenek*.
Dóri: Igen, *nekem is tetszenek*. Zsófi *kedveli a* színes *holmikat*. Szerinted ez *tetszene neki?*
Ági: Hm, nem is tudom. Talán nem *tetszene neki* ez a minta. Túl csicsás.
Dóri: Igazad van, Zsófi inkább az egyszerű *dolgokat szereti*. Ez a pöttyös *hogy tetszik?*
Ági: *Nekem* nagyon *tetszik*, de Zsófinak túl kicsi lenne. Nem férnek bele a könyvei.
Dóri: Igaz. Mit szólsz ehhez itt? Elég nagy, szép a színe, és van rajta egy macska is. Zsófi *szereti a macskákat*.
Ági: Igen, ez tökéletes! Biztos, hogy *tetszeni fog neki*. Az a pöttyös viszont *nekem tetszik*. Nem veszed meg a szülinapomra?

MINISZÓTÁR

belefér (valamibe): fit (into something)
csicsás: showy
holmi: belongings, stuff
kirakat: shop-window
minta: pattern
pöttyös: spotted, dotted

1. Mesélje el a dialógus alapján, mi történik! Folytassa a szöveget!

Ági és Dóri ajándékot keresnek Zsófi születésnapjára. Zsófi nagyon szereti a táskákat, ezért a lányok úgy döntenek, hogy egy táskát vesznek neki. Áginak nagyon tetszenek az üzletben a színes táskák. ....

....

....

....

2. Kedvencem a Paprika tévé. Keresse meg a párokat!

0. *Tetszik (nekem)*
1. Tetszenek (nekem)
2. Tetszik (nekem), hogy
3. Nem ízlett (nekem)
4. Ízlenek (nekem)
5. Kedvelem / Szeretem
6. Szeretek

a) sokféle ételt főznek.
b) a főzős műsorok.
c) új recepteket kipróbálni.
d) *a Paprika tévé.*
e) az egzotikus ételek.
f) az ázsiai konyhát.
g) a vacsora.

0.	1.	2.	3.	4.	5.	6.
d						

3. Kedvencem Mozart. Fejezze be a mondatokat!

~~*klasszikus zenét hallgatni*~~ ▪ Mozart zenéje ▪ a szimfóniák ▪ a Mozart-golyó ▪ Mozart zenéjét ▪ templomokban is tartanak koncerteket

0. Szeretek *klasszikus zenét hallgatni.*

1. Tetszik (nekem) ....
2. Tetszenek (nekem) ....
3. Tetszik (nekem), hogy ....
4. Ízlik (nekem) ....
5. Kedvelem / Szeretem ....

4. Válassza ki a helyes alakot!

0. Szeretem / Tetszik a piros színt, de ez a cipő nem szeretem / tetszik.

1. Szeretek / Tetszik táncolni, különösen a salsa szeretem / tetszik. Kedvelem / Tetszenek a latin táncokat.
2. Szeretem / Tetszik Robert de Nirót, de ebben a filmben nem tetszett / szerettem.
3. Ez a torta jobban ízlik / tetszik, nem olyan édes.
4. Szeretem / Tetszik Angliát, a legjobban a régi egyetemek szeretem / tetszenek.
5. Nem szeretek / Nem tetszik modern múzeumokba járni, mert nem tetszenek / nem szeretem a 20. századi képek.
6. Szeretek / Szeretem / Tetszik színházba járni, főleg a drámákat kedvelem / tetszik.
7. Nem tetszik / Nem ízlik ez a leves, nagyon csípős.

5. **Kérdezzen egész mondattal az aláhúzott mondatrészre!**

0. A sportműsorokat kedvelem. *Milyen műsorokat kedvelsz?*
1. Nekem inkább a sportos ruhák tetszenek.
   ....
2. Borozni jobban szeretek, mint sörözni.
   ....
3. Neki nagyon tetszik az új divat.
   ....
4. Jobban szeretem a mákos palacsintát, mint a túrósat.
   ....
5. A barátnőmnek minden tetszik, ami pöttyös.
   ....
6. A nagypapámnak nem ízlett a szusi.
   ....
7. A filmsorozat a fiataloknak jobban tetszett.
   ....

6. **Egészítse ki a mondatokat!**

~~tetszenek~~ ▪ tetszik ▪ tetszett ▪ ízlik ▪ szereted ▪ tetszik ▪ szeretek ▪ szeretem ▪ szeretik ▪ szeretem

0. Nekem *tetszenek* a dunántúli városok.
1. Nem .... sokat beszélni.
2. Miért nem eszel? Nem .... a csirkét?
3. De jól néz ki ez a kabát! Nagyon ....!
4. Milyen volt a film? Neked ....?
5. A gyerekek nem ...., ha sokat kell várni.
6. Miért nem .... nektek ez a lakás?
7. Nagyon .... a francia filmeket.
8. Vegetáriánus vagyok, nem .... a húst.
9. Hogy .... a saláta? Finom, ugye? Nekem ez a kedvencem.

7. **Két nő beszélget egy buliban. Egészítse ki a párbeszédet a megadott szavakkal!**

~~nekem~~ ▪ szeretem ▪ tetszik ▪ nekem ▪ én ▪ tetszik ▪ szeretem ▪ tetszik

Éva: Tetszik *nekem* (0.) az a férfi!
Kati: .... (1.) is.
Éva: Nagyon .... (2.) a ruhája. Jó az ízlése.
Kati: Szerintem is. Nekem is .... (3.)
Éva: .... (4.), ha egy férfinak van stílusa.
Kati: .... (5.) is szeretem.
Éva: Hm, és .... (6.) a hangja is. Ismered őt?
Kati: Igen, ő a férjem. És nagyon .... (7.)!

8. **Egészítse ki a szavakat, ha szükséges!**

0. Szeretem Budapestet, tetszenek a magyar lányok —.

1. Te is szeret………… a spagetti…………? Én nagyon szeret………… az olasz ételek………… .
2. Kati………… nem tetsz………… a modern ház………… .
3. Szeret………… az erdőben futni: szeret………… a természetben lenni.
4. Te is szeret………… ezt a sorozat…………? Hogy tetsz………. az új évad…………?
5. Az új frizurám nem tetsz……… anyukám……… . Nem szeret………, ha túl rövid a hajam.
6. Én legjobban a nyarat szeret…………: szeret…………, ha süt a nap, és meleg van.

9. **A cipőboltban. Egészítse ki a párbeszédet a *tetszik* és a *szeret* igék megfelelő alakjával!**

Vásárló: Tudna segíteni? Egy szép cipőt keresek, fontos alkalomra. A lányom esküvőjére készülök.	
Eladó: Mit szólna ehhez a piroshoz? Nagyon elegáns.	
Vásárló: Nem tetszik (0.) a színe.	a) szeretek b) szeretem c) tetszik
Nem ………………………… (1.) a pirosat, túl élénk.	a) szeretek b) szeretem c) tetszik
Eladó: Ez a barna hogy …………………… (2.)?	a) szeret b) szereti c) tetszik
Vásárló: Nem ………………………… (3.) a magas sarkú cipőket. Tudna másikat mutatni?	a) szeretek b) szeretem c) tetszik
Eladó: Természetesen! A színe ………………………… (4.)? Vagy keressek más színt?	a) szeret b) szereti c) tetszik
Vásárló: A színe nem rossz, de jobban ………………………… (5.) egy világosabb.	a) szeretnék b) szeretném c) tetszene
Eladó: Felpróbálja esetleg ezt?	
Vásárló: Nem, köszönöm, nem ………………………… (6.) rajta ez a minta.	a) szeretek b) szeretem c) tetszik
Egyszínű cipőt ……………………… (7.).	a) szeretek b) szeretnék c) tetszik
Eladó: Lássuk csak! Van itt egy krémszínű, nem túl magas a sarka. Én is vettem magamnak egy ilyet, és nagyon ………………………… (8.).	a) kedvelek b) szeretek c) szeretem
Vásárló: Igen, ez jó lesz. Nagyon ………………………… (9.)! Felpróbálom, köszönöm.	a) szeretek b) szeretem c) tetszik

10. **Alkosson mondatokat! Figyeljen a megfelelő ragozásra!**

0. tetszik: barátnőm, nem, új divat, az, a – *A barátnőmnek nem tetszik az új divat.*
1. szeret: (én) nagyon, ezek, a, könyvek
   ....
2. szeret: (mi) nem, csípős ételek, a
   ....
3. tetszik: (én) a, humoros, filmek
   ....
4. tetszik: Péter, Anna
   ....
5. tetszik: Anna, nem, Péter
   ....

11. **A családom. Kérdezzen a személyekre a zárójelben lévő igével!**

0. Az öcsém szerint minden fagyi finom. (ízlik) – *Kinek ízlik minden fagyi?*
1. A kisebbik húgom nagyon szívesen táncol. (szeret)
   ....
2. Az unokatestvérem szereti a rockot. (tetszik)
   ....
3. A keresztanyám mindig természetfilmeket néz. (szeret)
   ....
4. A nagybátyám fiatalon sokat akart utazni. (szeret)
   ....
5. A nővéremet régen csak a hosszú hajú fiúk érdekelték. (tetszik)
   ....

12. **A cirkusz. Egészítse ki a mondatokat a *tetszik, szeret* és *ízlik* szavak megfelelő alakjaival! Ügyeljen a múlt időre!**

0. Régen nagyon *szerettem* a cirkuszt.
1. .... az elefántokat és a bohócokat, ... a hangos zene és a sok táncos.
2. A húgom sosem .... a cirkuszt. Ő csak a palacsintát ...., amit apukánk vett nekünk a cirkusz után.
3. Mindig kakaósat kért, az .... neki a legjobban.

13. **Mit szeretne kapni születésnapjára? Egészítse ki a mondatokat!**

1. Nekem nagyon tetszenek a/az ....
2. Az édességet ....
3. Nagyon szeretek .... kapni.
4. Nem is tudom, mit szeretnék igazán. Legjobban talán egy .... szeretnék.

4. VIDÁM, ÖRÜL, BOLDOG, ELÉGEDETT

Az *örül, boldog, vidám, elégedett* szavak hasonló lelkiállapotot jelölnek, összekeverésük azonban megnehezíti a kommunikációt.

The words *örül, vidám, boldog* describe a similar state of mind but mixing them up can cause problems in communication.

VIDÁM	ÖRÜL	BOLDOG
most jó a kedve, mosolyog he/she is in a good mood, he/she is smiling	valami miatt örömöt érez, jó érzéssel gondol valamire vagy valakire something makes him/her glad, he/she has positive feelings, thinking about something or someone	erős, mély, személyes érzelem strong, deep, personal emotion
Ma nagyon vidám vagy! Mitől van ilyen jó kedved? You are very cheerful today! What makes you feel good?	Úgy örülök, hogy végre hétvége van! I'm so glad that finally it's the weekend again.	Boldog vagyok az új barátommal. I'm so happy with my new boyfriend.

VIDÁM | CHEERFUL

- Kati mindig nevet, nagyon vidám lány.
  Kate always laughs, she is a very cheerful girl.
- A vidám zenéket szeretem.
  I like cheerful music.

ÖRÜL ¦ GLAD

1. örül (valakinek, valaminek) be glad (about someone, something)
   - Jaj, de örülök neked! Már régen láttalak.
     I'm so glad that you've come. We haven't met for ages.
   - Minek örülsz?
     What makes you so glad?
   - Örülök a melegnek. Örülök, hogy süt a nap.
     I'm glad, it's a warm day. I'm glad, the sun is shining!
   - Örülök (annak), hogy végre meleg van.
     I'm glad that we have warm weather at last!
   - Úgy örülök (annak), hogy találkozunk végre.
     I'm glad that we have met at last.
2. Nagyon örülök. I'm very glad.
   - Kovács István vagyok, nagyon örülök! (megismerkedéskor, amikor kezet rázunk)
     István Kovács. Nice to meet you. (when meeting someone, shaking hands)
   - Örülök, hogy találkoztunk. Viszontlátásra! (búcsúzáskor)
     It was nice meeting you. Good-bye. (when leaving)

BOLDOG ¦ HAPPY

1. (valaki) boldog (someone) is happy
   - Boldog vagyok, mindenem megvan.
     I'm so happy I have got everything in life.
2. boldog (valakivel) be happy (with someone)
   - Boldog vagyok a férjemmel.
     I'm so happy with my husband.
3. Boldog ......t (kívánok)! (I wish you) a happy ......!
   - Boldog születésnapot/névnapot! Boldog karácsonyt! Boldog új évet kívánok! (jókívánságok, gratulációk)
     Happy Birthday! I wish you a happy name day! Merry Christmas! I wish you a Happy New Year. (best wishes and congratulations)

ELÉGEDETT ¦ BE PLEASED

elégedett (valakivel, valamivel) be pleased (with somebody, something)

- Kivel vagy elégedett? Who are you pleased with?
- Mindenkivel elégedett vagyok. Ügyesek vagytok!
  I'm pleased with everybody, you are all clever.
- Mivel vagy elégedett? What are you pleased with?
- Elégedett vagyok a munkahelyemmel. I'm pleased with my job.
- Elégedett vagyok a kiszolgálással. I'm pleased with the service.

A HOSSZÚ ÉLET TITKA

Beszélgetés a százéves Miska bácsival, aki ma ünnepeli a születésnapját.

Riporter: Üdvözlöm, Miska bácsi! Mondja, mi a hosszú élet titka?
Miska bácsi: Jó kérdés, kedves kisasszony! A sok *öröm, a vidámság* és a nevetés.
Riporter: Egész életében *boldog* volt?
Miska bácsi: *Boldog?* Azt hiszem, igen. Mindig tudtam *örülni valaminek*. Jöttek a gyerekek, unokák, dédunokák – ez az igazi *boldogság*.
Riporter: Még most is *vidám*, Miska bácsi. Hogyan csinálja?
Miska bácsi: Az a fontos, hogy mindig tudjunk nevetni, mert az életben mindig történik valami humoros.
Riporter: *Elégedett az életével?*
Miska bácsi: Igen, azt hiszem, *elégedett vagyok*. Ha *a családom boldog*, akkor én is *boldog vagyok*.
Riporter: *Boldog születésnapot* kívánok, Miska bácsi! Éljen még száz évig!

MINISZÓTÁR

dédunoka: great-grandchild
unoka: grandchild
titok: secret
üdvözöl (valakit): welcome (somebody)

1. **Válaszoljon a kérdésekre a szöveg alapján!**

1. Miska bácsi szerint hogyan lehet sokáig élni?

....

2. Mi az igazi boldogság?

....

3. Miért jókedvű mindig Miska bácsi?

....

4. Melyek a legfontosabb dolgok az életben Miska bácsi szerint?

....

2. ***Boldog ...t* vagy *Gratulálok?* Mit mondunk az alábbi alkalmakkor?**

0. Szilveszter éjfélkor: Boldog új évet kívánok!

1. December 25-én: ....
2. Ha gyermek születik: ....
3. Születésnapon: ....
4. Névnapon: ....
5. Sikeres vizsga után: ....
6. Esküvőn: ....

3. **Válassza ki a helyes alakot!**

0. Örülök / Vidám vagyok, hogy találkoztunk!

1. Nagyon örülök / Boldog vagyok az ajándékodnak. Köszönöm szépen!
2. Boldog / Vidám karácsonyt kívánok!
3. A tanító néni azt mondta, hogy nagyon elégedett / boldog velem.
4. A kedvencedet főztem. Örülsz / Vidám vagy?
5. Mi történt, hogy ilyen örülsz / vidám vagy?
6. Nem vagyok boldog / elégedett a tudásommal.

4. **Melyik a helyes?**

0. Nem vagyok elégedett veled, mert mostanában nem tanulsz.
   a) veled b) neked c) téged

1. A testvérem nagyon örült az ....
   a) ajándékot b) ajándéknak c) ajándékkal
2. Jó napot kívánok! Szabó Anna vagyok, nagyon ....!
   a) vidám b) boldog c) örülök
3. Ez az autó már tízéves, de elégedett vagyok ....
   a) neki b) vele c) azt
4. Szerintem a legjobb születésnapi meglepetés te lennél. .... örülne a legjobban.
   a) Neked b) Veled c) Téged
5. Sajnos nem mindenki él boldog házasságban a ....
   a) társának b) társával c) társát

5. Egészítse ki a mondatokat a megadott szavakkal!

~~évet~~ ▪ csokinak ▪ fogorvosommal ▪ könyvnek ▪ lányok ▪ minek ▪ telefonomnak ▪ veled ▪ voltunk

0. Boldog új *évet* kívánok!

1. Úgy örülök az új ....! A régi már nagyon lassú volt.
2. Elégedett vagyok a .... Nagyon ügyesen dolgozik.
3. Amikor fiatalok voltunk, boldogok .... nagyapátokkal.
4. Nagyon vidámak ezek a ...., egész nap csak nevetgélnek.
5. .... örülnél jobban: .... vagy ....?
6. Elégedett vagyok .... Ügyes vagy!

6. Kérdezzen az aláhúzott mondatrészekre!

0. Boldog névnapot kívántam neki. – *Mit kívántál neki?*

1. Elégedett voltam a prezentációmmal.
   ....
2. Nagyon örültem a diplomádnak.
   ....
3. Nem voltam elégedett a fodrászommal.
   ....
4. Tíz évig boldog voltam a férjemmel.
   ....
5. A vidám filmeket kedvelem.
   ....
6. Nagyon elégedett vagyok veled!
   ....
7. A vendégek elégedettek a kiszolgálással.
   ....
8. Három éve boldogabbak voltak.
   ....

7. Alkosson mondatokat a megadott szavakkal!

0. (én) boldog, névnap, kíván – *Boldog névnapot kívánok!*

1. (én) örül, hogy, mi, találkozik ....
2. apa, elégedett, a fiúk ....
3. (te) a vidám, szeret, színek? ....
4. (én) boldog, a barátnőm, van ....
5. Anna, lány, vidám ....
6. (mi) elégedett, a háziorvos ....

8. Két barátnő beszélget. Melyik szó helyes?

Anna: Nagyon örülök (0.), hogy tudtunk ma találkozni. .... (1.) születésnapot kívánok! Hoztam neked egy kis ajándékot. Remélem, ... (2.) majd neki. Színházjegyet vettem kettőnknek egy francia vígjátékra. A kritikusok .... (3.) a darabbal. Ugye te is a .... (4.) történeteket szereted?	(0.) a) boldog b) vidám c) örülök (1.) a) Boldog b) Elégedett c) Örülsz (2.) a) boldog b) vidám c) örülsz (3.) a) boldogok b) elégedettek c) örülnek (4.) a) elégedett b) örül c) vidám
Juli: Ó, köszönöm szépen! Nagyon .... (5.) neki! Igen, a .... (6.) darabokat szeretem, a romantikusakat, amikor happy end a vége, és mindenki .... (7.) él tovább a párjával.	(5.) a) boldog b) örülök c) vidám (6.) a) elégedett b) örül c) vidám (7.) a) boldogan b) örül c) örülnek
Anna: Jól van, akkor jót választottam! Te is .... (8.) vagy most a barátoddal?	(8.) a) boldog b) örülsz c) vidám
Juli: Jaj, igen, nagyon! Ő is nagyon .... (9.) fiú, sokat nevetünk együtt.	(9.) a) örül b) örülünk c) vidám

9. Fejezze be a mondatokat!

0. Nagyon örültem, amikor megkaptam a meghívódat.
1. Elégedett vagyok ....
2. Nem vagyok elégedett ....
3. Mindig örülök, amikor ....
4. Szeretem a vidám ....
5. Emlékszem, nagyon boldog voltam, amikor ....
6. Örülnék, ha ma ....

10. Válaszoljon a kérdésekre!

0. Vidám természetű vagy? – Igen, az vagyok, sokat nevetek.
1. Mikor érezted magad igazán boldognak?
....
2. Milyen ajándéknak örülnél a legjobban születésnapodra?
....
3. Elégedett vagy a munkahelyeddel / az iskoláddal?
....
4. Ki a legvidámabb ember, akit ismersz?
....
5. Szerinted mi a hosszú élet titka?
....

5. TESSÉK, EGÉSZSÉGEDRE, SAJNÁLOM, KÁR, SAJNOS, FOGLALT

TESSÉK | HERE YOU ARE / PLEASE / PARDON

1. Tessék? Beszélj hangosabban! Nem értem.
   Pardon? Speak up, please. I can't hear you well.

2. Halló, tessék! (telefonon)
   Hello! (on the phone)
3. Tudsz adni egy tollat? – Persze! Itt van, tessék!
   Can you give me a pen? – Of course, here you are.

4. Tessék! Gyere be! Jöjjön be! (ha kopognak az ajtón, vagy csengetnek)
   Yes, Come in. (knock on the door or answering the bell)
5. Elnézést, szabad ez a hely? – Persze, tessék!
   Excuse me, is this seat free? – Of course, please be seated.

EGÉSZSÉGÉRE! | BLESS YOU! CHEERS!

1. Egészségedre! – Köszönöm! (ha valaki tüsszent)
   Bless you! – Thanks. (when someone sneezes 'egészségedre' means 'get better')
2. Egészségedre! – Egészségedre! (amikor koccintunk)
   Cheers! – Cheers! (used when one drinks to sy's health) informal
   Egészségünkre! – Egészségünkre!
   Cheers! – Cheers! (used as above)
3. Egészségünkre! (ebéd, vacsora befejezésekor)
   (used at the end of a meal meaning 'to our health')

SAJNÁLOM! KÁR! ¦ REGRET / IT'S A (GREAT) PITY / SHAME / MUCH TO ONE'S REGRET

- Nagyon sajnálom, de nem tudok elmenni a koncertre, mert még mindig beteg vagyok.
  I'm very sorry that I can't go to the concert, I'm still ill.
- Sajnálom/Kár, hogy nem tudok elmenni a koncertre.
  I'm very sorry / It's a pity that I can't go to the concert.
- Ma nem tudunk találkozni. – Jaj, de kár. Sajnálom.
  We can't meet today. – What a pity. I'm sorry.

SAJNOS ¦ I'M SORRY TO SAY / I'M AFRAID

- Sajnos nem tudok elmenni a koncertre. I'm afraid I can't go to the concert.

FIGYELEM! – N.B.

A *sajnál* ige, ezért bármely személyben ragozható. The verb *sajnál* can be used in every person, singular and plural.

- Sajnáljuk, hogy nem jöttök velünk kirándulni. We are sorry that you are not joining us on our trip.

A *sajnos* szó nem alkothat főmondatot. The word *sajnos* cannot constitute a main clause.

- Mi sajnos nem megyünk kirándulni. I'm afraid, we are not going on the trip.

FOGLALT ¦ TAKEN / ENGAGED / BOOKED

- Minden asztal foglalt, nem tudunk itt vacsorázni.
  All the tables are taken, we cannot have dinner here.
- A szálloda minden szobája foglalt.
  All the rooms in the hotel are booked.
- A WC foglalt.
  The toilet is taken.
- Van még szabad időpont? – Nem, sajnos már minden időpont foglalt.
  I'd like to make an appointment. – I'm afraid we are fully booked.
- Háromszor is felhívtam az orvost, de mindig foglalt volt.
  I tried to call the doctor three times but the line was always engaged.
- Nem tudod, Tamásnak van barátnője? – Igen, van. Sajnos ő már foglalt.
  Do you know if Tamás has a girlfriend? – Yes, he is not single, sorry to say.

FIGYELEM! – N.B.

Az *elfoglalt* szó emberre vonatkozik, jelentése: nincs ideje, nem ér rá, sok a dolga. The word *elfoglalt* refers to a person meaning he/she is too busy, has a lot to do, has no time for something or somebody.

- Nem érek rá, nagyon elfoglalt vagyok. I don't have time, I'm very busy.

ESKÜVŐI KÖSZÖNTŐ

Figyelem, figyelem! Mint az ifjú feleség keresztapja, emelem poharam *az ifjú pár egészségére*. Igyunk először a *menyasszony*, vagyis a *fiatalasszony egészségére!*... És most igyunk egyet *a vőlegény*, bocsánat: az ifjú *férj egészségére* is!... Á, látom, újabb vendégek érkeztek. *Tessék*, csak *tessék!* A zenekar mellett még vannak üres székek... *Tessék?* Mit mondasz? Ja, azokon a székeken ülnek majd a zenészek? Semmi gond! Nem probléma! Akkor most igyunk *a zenekar egészségére!*

(Csrrrrrrrr...) Jaj, csörög a telefonom... Halló, *tessék?*... Most meg *foglalt!* Na, mindegy! Kedves vendégek, emeljük poharunkat *a szülők egészségére* is!... (Hapci!) *Egészségedre*, barátom!... Igyál még, *tessék! Tessék???* Hogy üljek le? *Sajnálom*, ez lehetetlen! Még csak most szeretnék gratulálni a fiataloknak! Igyunk tehát *mindenki egészségére!* Igen, köszönöm, szívesen iszom még egy kis pálinkát. Akkor hát: *egészségünkre!* Igyunk *mindenki egészségére!*

MINISZÓTÁR

csörög: ring
emeli poharát: raises his/her glass
Figyelem!: Attention!
gratulál (valakinek valamihez): congratulate (somebody on something)
ifjú feleség: young/newly-wed wife
ifjú férj: young/newly-wed husband
keresztapa: godfather
köszöntő: toast
menyasszony: bride
vőlegény: bridegroom
zenekar: band

1. **Sorolja fel, kinek az egészségére ivott a keresztapa!**

az ifjú pár, ...

....

2. **Mit mondunk az alábbi szituációkban? Válassza ki a helyes kifejezést! Több megoldás is lehetséges.**

0. Egy étterem mosdójában ül. Kopognak. Mit mond?
   a) Tessék! b) Foglalt! c) Egészségedre!
1. Véletlenül rálép valakinek a lábára. Mit mond?
   a) Szívesen! b) Sajnálom! c) Egészségedre!
2. Peti nagypapája meghalt. Mit mond neki?
   a) Sajnos! b) Nagyon sajnálom! c) Bocsánat!
3. Valaki véletlenül rálép az ön lábára, és elnézést kér. Mit válaszol?
   a) Sajnálom! b) Semmi baj! c) Nincs mit!
4. A barátokkal koccintanak. Mit mondanak?
   a) Egészségünkre! b) Tessék! c) Szívesen!
5. Le szeretne szállni a buszról. Mit mond az ajtóban álló utasoknak?
   a) Elnézést! b) Tessék! c) Sajnálom!
6. Valaki tüsszent. Mit mond?
   a) Egészségedre! b) Sajnálom! c) Kár!
7. Kopognak az ajtón. Mit mond?
   a) Tessék! b) Szívesen! c) Sajnos!
8. Nem tud elmenni a barátaival moziba. Mit mond nekik?
   a) Sajnos! b) Foglalt vagyok! c) Elfoglalt vagyok!

3. **Két barátnő kávézni megy. Találja ki a kezdőbetűkből, hogy melyik szó vagy kifejezés hiányzik a szövegből!**

Anett: Üljünk le ide, jó? Szerintem ez az asztal nem *foglalt.* (0.)
Kitti: Jó, rendben. Adsz nekem is egy étlapot?
Anett: Persze, t_ _ _ _ _ _ (1.)! Először is, b_ _ _ _ _ _ _ _ _ (2.), de nem hoztam vissza a könyvedet. Teljesen elfelejtettem.
Kitti: S_ _ _ _ b_ _ _ (3.), majd visszaadod legközelebb.
Anett: Igen. De a DVD-det visszahoztam. K_ _ _ _ _ _ _ _ _ (4.), hogy kölcsönadtad.
Kitti: Sz_ _ _ _ _ _ _ (5.)! Remélem, tetszett a film.
Anett: S_ _ _ _ _ _ (6.) nem volt időm megnézni. S_ _ _ _ _ _ _ _ (7.), mert érdekelt volna.
Kitti: S_ _ _ _ g_ _ _ (8.)! Ha érdekel, még nálad maradhat.
Anett: Tényleg? N_ _ p_ _ _ _ _ _ _ _ (9.)? Akkor sz_ _ _ _ _ _ _ (10.) megnézem, és majd visszaadom a könyvvel együtt.

4. ***Tessék, foglalt, elfoglalt.*** **Melyik szó jelenti ugyanazt, mint az alábbi kifejezések?**

0. Üljön le! = *Tessék!*
1. Nem tudom felhívni a barátomat, mindig valaki mással beszél. = ...
2. Sajnos nem értem. = ...
3. Gyere be! = ...
4. A főnökömnek mindig sok dolga van. = ...
5. Halló!? = ...
6. Ki kell mennem a mosdóba, de valaki van ott. = ...
7. Az étteremben ülnek a kedvenc asztalomnál. = ...
8. Itt van, adom! = ...

5. **Válaszoljon! Van, ahol több megoldás is lehetséges.**

0. Nincs már szabadságom, nem tudok síelni menni. – *De kár, sajnálom.*
1. Bocsánatot kérek, elfelejtettem írni neked. – ....
2. Elnézést, szabad ez az asztal? – Nem, ...
3. Boldog új évet! – ....
4. Nem tudunk elmenni kirándulni, esik az eső. – ....
5. Egészségünkre! – ....
6. Köszönöm, hogy segítettél! – ....

6. **Szívesen! Válaszoljon a *szívesen* szó használatával teljes mondattal!**

0. Eljönnél velem színházba ma este? – *Igen, szívesen elmegyek veled ma színházba.*
1. Tudnál segíteni? – Igen, ...
2. Van két jegyem a strandra, de a barátnőm sajnos elfoglalt. Eljössz velem?
   Igen, ...
3. Kölcsön tudnád adni azt a filmet?
   Persze, ...
4. Nincs időm bevásárolni. Nem tudnál elmenni a boltba?
   De igen! ....
5. Megírnád az esküvői meghívókat?
   Persze, ...

7. **Válassza ki a helyes kifejezést!**

0. Sajnálom / Sajnos, hogy nem tudok elmenni a születésnapodra.
1. Bori nagyon foglalt / elfoglalt. Sokat dolgozik mostanában.
2. Mindig foglalt / elfoglalt a telefonvonal. Lehetetlen elérni az orvosi rendelőt.
3. Sajnos / Sajnálom, de elfelejtettem a címedet. Megadnád még egyszer?
4. Jaj, de kár / sajnos, hogy nem jöttök a fesztiválra!
5. Már megint nincs szabad hely, minden asztal foglalt / elfoglalt.
6. Örülök, hogy ízlett a vacsora, egészségetekre / tessék!
7. Színház után tessék / szívesen hazaviszlek!

8. Keresztrejtvény. A szürke négyzetekbe kerülő betűkből egy híres magyar borvidék nevét kapja meg. Melyik ez a borvidék?

1. Nincs ideje, sok a dolga.
2. Ezt a nyelvet tanulja ön most.
3. Megszületett a harmadik gyereked? ....!
4. Koccintáskor mondjuk.

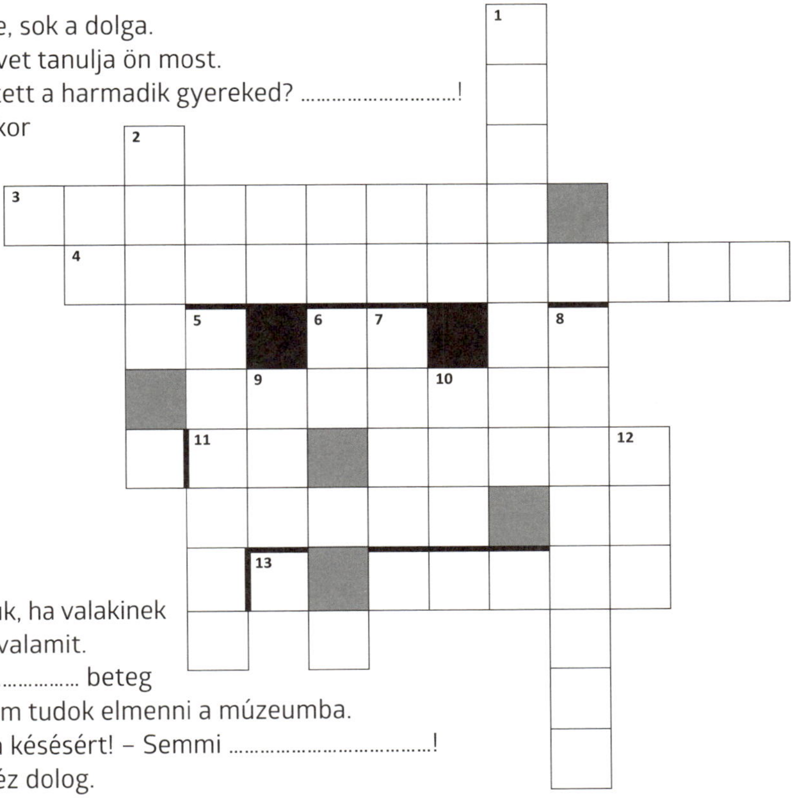

5. Ezt mondjuk, ha valakinek odaadunk valamit.
6. .... beteg vagyok, nem tudok elmenni a múzeumba.
7. Bocsánat a késésért! – Semmi ....!
8. Gond, nehéz dolog.
9. Bocsánat, hogy elkéstem! – Semmi ....!
10. Ha valamit nagyon sajnálunk, így mondjuk egy szóval.
11. Szomorú vagyok valami miatt, nem örülök, hogy valami így van.
12. Köszönöm szépen! – Nincs ....!
13. Van valaki a WC-ben. = A WC ....

A borvidék: ....

9. *Sajnos* vagy *sajnálom?* Alakítsa át a mondatokat úgy, hogy a jelentésük ne változzon!

0. Most sajnos nem érek rá. = Sajnálom, de most nem érek rá.

1. Sajnos nem szeretem a brokkolit. = ...
2. .... = Sajnálom, hogy elkéstem.
3. .... = Nagyon sajnálom, de anyu most nincs itthon.
4. A doktor úr ma sajnos szabadságon van. = ...
5. Sajnos még nem érkezett meg a csomag. = ...
6. .... = Nagyon sajnáljuk, hogy nem tudtunk ott lenni.

10. Buli van! Melyik a helyes?

Fiú: Szia, én...	
Lány: Szia! Gyere be! Pizzát hoztál? De jó ötlet! Mit kérsz inni? Tessék (0.), itt egy pohár pezsgő!	a) Foglalt b) Szívesen c) Tessék
Fiú: Köszönöm szépen, de...	
Lány: Nagyon .... (1.)! Én is iszom még egy kicsit. .... (2.)!	a) nem probléma b) szívesen c) tessék a) Egészségünkre b) Sajnálom c) Szívesen
Fiú: .... (3.)! Nem baj, ha én inkább kólát kérek? Autóval jöttem.	a) Egészségedre b) Nem probléma c) Szívesen
Lány: .... (4.)! Akkor igyál kólát! .... (5.), a kóla! Téged ki hívott meg a buliba?	a) Sajnos b) Foglalt c) Semmi baj a) Szívesen b) Sajnálom c) Tessék
Fiú: Senki. Én a pizzafutár vagyok.	
Lány: .... (6.)?	a) Kár b) Semmi baj c)Tessék
Fiú: Rendeltek egy pizzát erre a címre, azt hoztam ki.	
Lány: Tényleg? Nem is tudtam, hogy rendeltünk pizzát. Bocsánat! Azt hittem, te is vendég vagy.	
Fiú: .... (7.)! Igen, rendeltek egy pizzát. 3599 forintot kérek.	a) Semmi gond b) Szívesen c)Tessék

11. Ki jön a koncertre? Egészítse ki a párbeszédet!

~~Semmi gond!~~ ▪ elfoglalt ▪ foglalt ▪ kár ▪ sajnálom ▪ sajnos ▪ szívesen ▪ tessék

Juli: Bocsánat, hogy késtem!
Andi: Semmi gond! (0.)
Juli: Hívtalak többször is a mobilodon, de .... (1.) voltál.
Andi: Igen, Bettivel beszéltem. .... (2.) nem jön velünk holnap a koncertre.
Juli: Ó, de .... (3.)! Beteg?
Andi: Nem, csak nagyon .... (4.) mostanában a munkája miatt. Én is .... (5.), hogy nem jön. Már kinyomtattam a koncertjegyeket. Itt van a tiéd! .... (6.)!
Juli: Köszönöm szépen!
Andi: .... (7.)!
Juli: Ugye együtt megyünk a koncertre?
Andi: Persze, mehetünk együtt. Találkozzunk hatkor a Nyugatinál!
Juli: Szuper! Köszönöm!

12. Nem vagyok éhes. Egészítse ki a párbeszédet!

~~foglalt~~ ▪ sajnálom ▪ sajnos ▪ semmi baj ▪ szívesen ▪ tessék ▪ tessék

Vendég: Bocsánat, szabad ez az asztal?
Pincér: Nem, sajnos *foglalt* (0.). Ez az asztal itt viszont szabad. .... (1.), foglaljon helyet!
Vendég: Köszönöm!
Pincér: Nagyon .... (2.)!
Vendég: Kérhetek egy étlapot?
Pincér: Persze, ... (3.)!
Vendég: Köszönöm. Egy gombalevest kérek szépen.
Pincér: .... (4.), de a gombaleves elfogyott.
Vendég: Akkor egy sajtlevest kérek.
Pincér: .... (5.) sajtlevesünk sincsen.
Vendég: .... (6.), akkor csak három túrós palacsintát kérek.
Pincér: Lekváros palacsintát tudok hozni, az jó lesz?
Vendég: Nem, nem lesz jó. Viszontlátásra!
Pincér: Viszontlátásra!

13. Válaszoljon a kérdésekre!

1. Mikor ivott utoljára valakinek az egészségére?
....
....
....
2. Hol és mit ünnepeltek?
....
....
....
3. Kinek gratulált utoljára? Miért?
....
....
....
4. Ki gratulált önnek utoljára? Miért?
....
....
....
5. Mikor mondta utoljára, hogy „sajnálom”?
....
....
....

6. MEGY, JÁR, SÉTÁL

A *jár* igével rendszerességet fejezünk ki, míg a *megy* ige több, egymástól eltérő jelentésben használatos.

Notice that the verbs *megy* and *jár* (go) do not only refer to going on foot. The verb *jár* expresses a regular activity, while the verb *megy* has diverse meanings.

MEGY ¦ GO / GO BY

1. megy (valahonnan valahová) go (from somewhere to somewhere)
   - Hová mész holnap? Where are you going tomorrow?
   - Reggel orvoshoz megyek, délután bankba, este koncertre. In the morning I'm going to the doctor, in the afternoon to the bank, and in the evening to a concert.

2. megy (valamivel) go by / travel by (something)
   - Mivel mész? How will you travel?
   - gyalog, busszal, repülővel, biciklivel megy on foot, by bus, by air, by bike
3. megy (valamit csinálni) go (to do something)
   - Hová mész? Where are you going?
   - Úszni megyek, utána ebédelni. I'm going to swim and then to have lunch.

4. valami megy (műsor) be on (the programme)
   - Mi megy ma a tévében/moziban? What's on tv / the cinema tonight?

5. valami megy valakinek (valahogyan) to do well or badly
   - Hogy megy az iskola? – Jól megy, köszönöm! How's school going? – Thanks, well.
   - Ne haragudj, ez nekem nem megy! I'm sorry I just can't make it.

6. jól megy (valamihez) to match (something)
   - Jól megy az új fülbevalód a szemedhez, illik hozzád. Your new earrings match your eyes.

A *megy* ige jelen idejű ragozása rendhagyó.
I go, you go... Irregular Present Tense conjugation.
én megyek, te mész, ön/ő megy, mi megyünk, ti mentek, önök/ők mennek

Felszólító módban:
In Imperative: menjek, menj(él), menjen, menjünk, menjetek, menjenek

ELMEGY ¦ GO SOMEWHERE

1. elmegy (valahonnan valahová) go (from one place to another)
   - Elmegyek a boltba, mert nincs itthon kenyér. (Meghatározott helyre és/vagy meghatározott céllal megy valahová.)
     I'm going to the shop, because there is no bread at home. (Going to a definite place and/or with a definte aim.)
2. elmegy (valamit csinálni) go (somewhere to do something)
   - Elmegyek a postára befizetni a csekkeket. I'm going to the post-office to send the money orders.

FIGYELEM! – N.B.

elmegy – kimegy go to, go out, leave the room or the building
A *kimegy* ige jelentése nem egyezik meg az angol *go out* vagy a német *ausgehen* (szórakozni megy) jelentésével. A magyarban az *elmegy szórakozni, bulizni valahová* a megfelelő kifejezés.
The meaning of the verb *kimegy* is different from the English verb 'go out'. If you want to say 'go to parties, dances' etc use *elmegy szórakozni, bulizni valahova.*

- Szombat este elmentünk a diszkóba. (bulizni)
  On Saturday night we went to a disco. (to dance)
- Kimegyek egy kicsit a kertbe, nagyon meleg van itt bent. (levegőzni megyek)
  I'm going out to the garden, it feels too hot in here. (to have some fresh air)

JÁR ¦ WALK / GO

1. jár (tud, képes járni) (can) go
   - Anna kisfia még csak féléves, még nem tud járni.
     Ann's little son is just six months old, he cannot walk yet.
2. valami jár (üzemben van, működik) something runs/works
   - Nem jár az óra, megállt.
     The clock stopped.
3. jár (valahová, valakihez, rendszeresen) attend (something), go (somewhere, to somebody regularly)
   - Szeptembertől júniusig iskolába járok. I go to / attend school from September to June.
   - Hetente kétszer járok matektanárhoz, mert kicsit nehezen megy a matek.
     I go to a maths teacher twice a week, because I'm not doing well in maths at school.
   - Sokszor járunk színházba a családommal. Hétfőn a Hamletre megyünk.
     We often go to the theatre with the family. On Monday we're going to see Hamlet.
4. jár (valamit csinálni) go (doing something)
   - Hová jársz táncolni? Where do you go dancing?
5. jár (valamivel) go by (something)
   - Busszal/biciklivel/gyalog járok munkába. I go to work by bus/bike / on foot.

6. valaki (együtt) jár valakivel (van barátja, barátnője, egy párt alkotnak) go out with somebody (he/she has a girlfriend/boyfriend)
   - Jársz Katival, vagy csak barátok vagytok? Are you going out with Kate, or are you just simply friends?

SÉTÁL ¦ WALK

Jó idő van. Sétálunk egyet a parkban? It is a nice day. Shall we go for a walk in the park?

GYALOGOL ¦ GO ON FOOT

Én inkább gyalogolok az étteremig. (Gyalog megy valahová: hangsúlyozottan nem járművel megy.)
I would prefer to walk to the restaurant. (Going somewhere on foot: definitely not by a vehicle.)

MÁSHOGY MENNEK MA A DOLGOK!

Pista bácsi, a vidéki rokon meglátogatja Péteréket.

Pista bácsi: Petikém, örülök, hogy látlak! *Hogy megy az iskola?* Anyukád biztos mesélte, hogy nekem mindig nagyon *jól ment*.

Péter: Nekem is elég *jól megy*, Pista bácsi.

Pista bácsi: Én a város legjobb *gimnáziumába jártam*. Ugye te is *gimnáziumba jársz?*

Péter: Igen, *oda járok*.

Pista bácsi: És *jársz focizni?* A te korodban én mindennap *jártam focizni* a térre a haverokkal.

Péter: A térre? Focizni? Nem, nem *járok*. Néha *lemegyek* az edzőterembe *gyúrni*.

Pista bácsi: ??? És *táncolni jársz?* Amikor annyi idős voltam, mint te, minden pénteken *tánciskolába jártunk* Vilma nagynénéddel.

Péter: Nem, Pista bácsi, mi hétvégén *bulizni járunk*, diszkóba vagy kocsmába.

Pista bácsi: És ki volt az a kislány, akit most kísértél ki, amikor én *jöttem?*

Péter: Ő Szilvi, a barátnőm. Már hat hónapja *járunk együtt*. Ma még találkozom vele, este *moziba megyünk*.

Pista bácsi: Csinos lány. Hány óra van? Már fél hat? Hogy *elment az idő!* Jól *jár* az *az óra?* Lassan *mennem kell*, mert nem érem el a vonatot. Ritkán *jár a gyors*, amióta megváltozott a menetrend.

Péter: *Gyere*, Pista bácsi, elviszlek az állomásra! *Menjünk kocsival!*

Pista bácsi: Köszönöm, fiam, inkább *gyalog megyek*. Amíg bírja a lábam, *gyalogolok*. Örülök, Petikém, hogy találkoztunk. Jót beszélgettünk!

MINISZÓTÁR

edzőterem: gym
elér (valamit): attain (something)
elment az idő: time is flying
elvisz (valakit valahová): take (somebody somewhere)
haver: pal
gimnázium: secondary school / high school
gyúr: work out
kocsma: pub
menetrend: timetable
rokon: relative
vidéki: provincial

1. Ki hová járt, hová ment? Töltse ki a táblázatot!

	PISTA BÁCSI	PETI
1. Milyen iskolába járt / jár?		
2. Hová járt / jár sportolni?		
3. Hová járt / jár táncolni?		
4. Kivel járt / jár?		
5. Mivel / Hogyan akar az állomásra menni?		

2. *Megy* vagy *jár?* Válassza ki a helyes alakot!

0. Te holnap hány órára jársz / mész az orvoshoz?

1. Szeptember óta hetente háromszor járok / megyek nyelviskolába.
2. Hetente kétszer jógázol? Melyik stúdióba jársz / mész?
3. Mikor jársz / mész legközelebb futni?
4. A csoportunkba tíz diák jár / megy.
5. Hová jártál / mentél egyetemre?
6. Bemondták a rádióban, hogy ma nem járnak / mennek az 5-ös buszok.
7. Mióta jársz / mész Gabival?
8. Megy / Jár valami jó film a moziban?

3. Alkosson párokat!

0. *Melyik uszodába mentek*
1. Te melyik edzőterembe jársz
2. Melyik étterembe jártok
3. Melyik moziban megy
4. Autóval jársz
5. A parkba mentek
6. Melyik postára mész
7. Ilyen esős időben elmész

a) sétálni?
b) dolgozni?
c) ebédelni?
d) feladni a csomagot?
e) ez a film?
f) *vízilabdázni?*
g) edzeni?
h) kirándulni?

0.	1.	2.	3.	4.	5.	6.	7.
f							

4. Kérdezzen az aláhúzott szóra! A kérdésben írja le az igét is!

0. Gyakran járok koncertre. – *Hová jársz gyakran?*

1. Vasárnap délután elmegyek egy koncertre.

....

2. A szomszéd lánnyal megyek.

....

3. A 9-es busszal megyünk.

....

4. A buszmegállótól még <u>húsz percet</u> kell gyalogolni a stadionig.

....

5. A koncert után <u>sétálni fogunk</u> a Duna-parton.

....

5. Melyik a helyes?

0. Mikor *megyünk* már végre haza?
   (a) megyünk b) elmegyünk c) járunk

1. Mivel jársz dolgozni? – ....
   a) Dórival b) Busszal c) Cukorral

2. Kivel jársz most? – ....
   a) Metróval b) Gyalog c) Tamással

3. A lányoknak nagyon jól .... az iskola. Jól tanulnak.
   a) jár b) megy c) mennek

4. Nem akarok metróval menni, inkább ....
   a) gyalogolok b) megyek c) elmegy

6. Válassza ki a mondatba illő igét! Ügyeljen a ragozásra!

0. Ma délután *elmegyek* az uszodába. (én, elmegy / jár)

1. Gyönyörűen süt a nap. Nem .... egyet a belvárosban? (mi, megy / sétál)
2. Nagyon várom már a péntek estét. Végre .... bulizni a haverokkal! (mi, jár / elmegy)
3. Móni nem szeret buszozni, inkább .... (gyalogol / megy)
4. Borzasztó a hajam! Még a héten .... a fodrászhoz. (jár / elmegy)
5. Mi újság? Hogy .... a munka? (jár / megy)

7. Alkosson mondatokat a megadott szavak felhasználásával!

0. (én) évente, kétszer, jár, fogorvos – *Évente kétszer járok fogorvoshoz.*

1. (te) nyaral, hová, megy?

....

2. (ti) milyen gyakran, jár, bulizik?

....

3. Éva, inkább, biciklizik, nem szeret, villamos, jár

....

4. (mi) sok, sétál, mindennap

....

5. (én) gyalog megy, mindenhová

....

6. (mi) kirándul, elmegy, hétvége

....

7. a villamosok, miért, nem jár, ma?

....

8. Nekem ez nem megy! Egészítse ki a mondatokat a megadott szavakkal!

~~futni~~ ▪ busszal ▪ jól ▪ karatézni ▪ messze ▪ nekem ▪ olyan gyakran

Dávid: Szia, elmegyünk *futni* (0.) délután?
Robi: Nem, már nem járok futni. Mindig fáj a lábam, ha futok. Sajnos nem megy .... (1.) a futás.
Dávid: Szerintem csak lusta vagy. És .... (2.) jársz még?
Robi: Nem, már nem, az új edzőterem gyalog túl .... (3.) van.
Dávid: Messze van, persze! A régi edzőterem közel volt?
Robi: Igen, oda sohasem mentem .... (4.). Edzés után mindig csak hazasétáltam.
Dávid: A buszmegálló olyan messze van?
Robi: Nincs messze, de a busz este már nem jár .... (5.).
Dávid: Értem én, mindennel van valami problémád.
Robi: Most inkább angolul tanulok. Sajnos nem megy olyan .... (6.), mint szeretném. Tényleg, te jársz még a németórákra?
Dávid: Most éppen nem... De meg tudom magyarázni!

7. BESZÉL, MOND, SZÓL, MESÉL

BESZÉL ⁞ SPEAK / TALK

1. beszél speak, talk
   - A szomszédom nagyon gyorsan beszél.
     My neighbour speaks very fast.
2. beszél (valakivel) speak (to someone)
   - Beszéltem a barátnőmmel. Holnap találkozunk.
     I talked to my girlfriend. We're going to meet tomorrow.
3. beszél (valamiről) talk (about something)
   - A szomszédom szívesen beszél a mexikói utazásairól.
     My neighbour talks a lot about his travels in Mexico.

BESZÉLGET ⁞ TALK

1. beszélget (valakivel) talk (to somebody)
   - Tegnap este egy kávézóban beszélgettünk a barátaimmal.
     Yesterday evening I talked a lot to my friends in a café.
2. beszélget (valakivel valamiről) talk (about something)
   - Tegnapelőtt egy barátnőmmel beszélgettem a nyári divatról.
     The day before yesterday I was talking a lot to my girlfriend about the summer fashion.

MEGBESZÉL ⁞ TALK

megbeszél (valamit valakivel) talk something over, discuss (something with somebody)

- Katival tegnap megbeszéltük a hétvégi programot.
  Yesterday I discussed the programme for the weekend with Kati.
- Megbeszéltük Katival, hogy mi lesz a hétvégi program.
  Kati and me discussed the programme for the next weekend.

MOND ⁞ SAY / TELL

1. mond (valamit) say (something)
   - Mondj már valamit! Say something!
   - Mondok egy jó viccet! (Verset, viccet, mesét, betanult szöveget elmond.)
     I will tell you a good joke. (Recite a poem, a joke, a tale, any text by heart.)
2. mond (valakinek valamit) tell (someone something)
   - A tanárnő azt mondta nekünk, hogy holnap múzeumba megyünk. (Információt közöl, nem folyamatos cselekvés, rövid ideig tart, addig, amíg az információ elhangzik.)

The teacher told us that we would go to the museum tomorrow. (Giving information, not a continuous action, lasts for a short time, just as long as the information is given.)

3. mond (valamit valamiről) say (something about something)
   - Kati semmit nem mondott a terveiről. Kati didn't say anything about her plans.

FIGYELEM! – N.B.

A *beszél* nem cserélhető fel a *mond* igével, mert a *beszél* hosszabb ideig tartó cselekvést jelöl.
The verb *beszél* cannot be substituted by the verb *mond* because *beszél* refers to a prolonged action.

- A tanárnő sokat beszélt a gyerekkoráról.
  The teacher talked a lot about her childhood.

ELMOND ¦ TELL

elmond (valakinek valamit) tell (somebody something)

- Peti elmondott mindent a szüleimnek arról, ami a kiránduláson történt. (Elejétől a végéig elmesél egy történetet, eseményt.)
  Peti told my parents everything about what had happened during the trip. (Tell a story from the beginning to the end.)

SZÓL ¦ SAY

1. szól (valami) be on, ring
   - Szól a rádió. The music is on.
   - Szól a telefon. The phone is ringing.
2. szól (valakinek valamiről) inform (somebody about something) tell (somebody something)
   - Szóltál a főnöködnek, hogy ma hamarabb hazamész?
     Have you informed/told your boss that you are leaving earlier today?
   - Szólok (neked), ha kész leszek a munkával. (tájékoztat, informál, figyelmeztet valakit)
     I will tell you when I am ready with my work. (inform or warn somebody)
3. szól (valakiről, valamiről) is about (somebody, something)
   - Miről szól a film? – Egy fiúról és a betegségéről. (Valaki vagy valami egy mű központi témája.)
     What is the film about? – It is about a boy and his illness. (Somebody or something is the topic of a work of art.)
4. szól (valamit) say (something)
   - Kati nem szólt egy szót sem, csak elment. Kati didn't say a single word, she just left.

MESÉL ¦ TELL A TALE / TALK

1. mesél (valakinek valamit) tell a tale (to somebody)
   - A nagymamám sokat mesélt nekem.
     My grandma told me a lot of tales.
2. mesél (valamiről) talk (about something)
   - A nagypapám sokat mesélt a gyerekkoráról.
     My grandpa talked a lot about his childhood to me.

ELMESÉL ¦ TELL / NARRATE

elmesél (valamit valamiről) narrate, relate, tell (something about something)

- Elmeséljem, mi történt akkor ott, az erdőben?
  Shall I tell you what happened there and then in the forest?

EGYSZER VOLT, HOL NEM VOLT...

Unoka: Nagymama, *mesélsz* nekem *valamit*?

Nagymama: Lássuk csak... *Mit meséljek? Elmesélek* neked *egy történetet*, amit gyerekkoromban hallottam. Nekem is a nagymamám *mesélte*.

Unoka: *Meséld el*, nagymama! *Miről szól?*

Nagymama: Ez a mese egy *kislányról szól*, Juliról.

Unoka: Juliról? Milyen Juliról?

Nagymama: *Elmondom*, csak figyeld a mesét! Mindjárt megtudod! Egyszer volt, hol nem volt, élt egyszer egy kislány. Cserfes Julinak hívták, mert mindig *beszélt*. Sosem állt be a szája, egyfolytában csak *beszélt* és *beszélt*. Hogy *miről szeretett beszélni* Juli? Mindenről! Reggel, amikor felébredt, rögtön *elmondta, hogy* mit álmodott. Utána *arról mesélt*, mit fog játszani délelőtt az óvodában. Úton az óvoda felé *megállt beszélgetni* mindenkivel: *beszélgetett a szomszédokkal*, a nénivel a kisboltban, még a sétáló kutyákkal is. Az óvodában sem hagyta abba. *Megbeszélte a barátaival*, hogy ki mivel fog játszani. *Szólt* az óvó *néninek*, ha valami baj történt. *Mesélt* a kicsiknek alvás előtt, és amikor elaludt, akkor sem tudott csendben maradni. Olyankor álmában *beszélt*, és énekelt valamit. Kíváncsi vagy, mi történt vele egy nap, amikor *nem szólt semmit?*

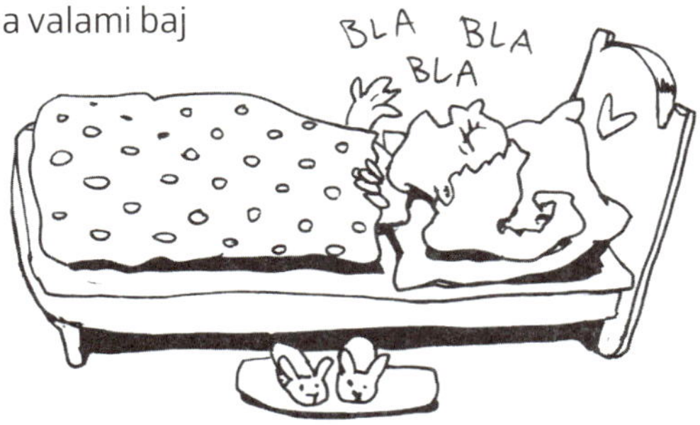

Unoka: Igen! *Meséld el*, nagymama, kérlek!

MINISZÓTÁR

abbahagy (valamit): stop (something)
álmában beszél: talk in sleep one's
álmodik (valamit, valakiről/valamiről): dream (something, about somebody/something)
csendben marad: keep silent
cserfes: chatty
kíváncsi (valakire/valamire): curious
rögtön: immediately
sosem áll be a szája: a chatterbox

1. Keresse meg az alábbi szavak, kifejezések szinonimáit a szövegben!

1. mindig beszél: nem hagyja abba, ...
2. mese: ....
3. mindig: ....
4. nem beszél: ....
5. szeretne tudni valamit: ....

2. Melyik ige hiányzik? A szürke mezőket fentről lefelé összeolvasva egy újabb igét kap.

1. Robi mindig jó vicceket ....
2. Lilla mindent .... az anyukájával.
3. A buszvezető majd .... nekünk, hogy hol kell leszállni.
4. Évával mindenki szívesen ....
5. Mindjárt jön az orvos, és mindent ....

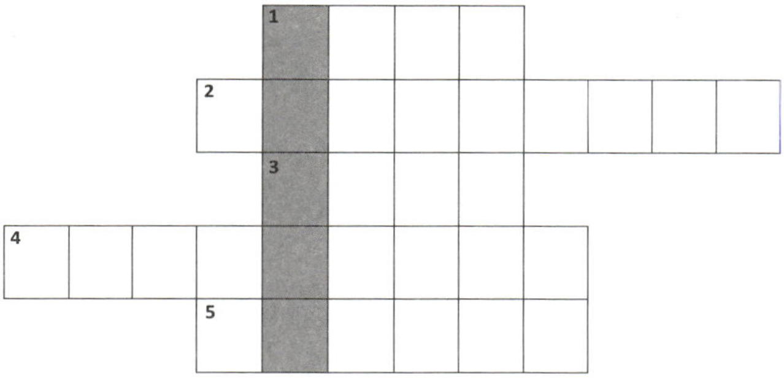

3. *Beszél* vagy *mond?* Válassza ki a helyes alakot!

0. A tanárom nagyon halkan beszél / mond.

1. Tegnap beszéltem / mondtam Évával. Azt beszélte / mondta, hogy nagyon beteg.
2. Örülök, hogy beszéltünk / mondtunk.
3. A vendégségben csak a férj beszélt / mondott, a felesége végig csendben maradt.
4. Mit is mondtál / beszéltél? Nem hallottam jól.
5. Angolul és spanyolul nagyon jól beszélünk / mondunk.
6. Meghívom Katit a házibuliba. Remélem, igent beszél / mond.

4. Melyik a helyes?

0. Milyen nyelven beszélnek az eszkimók?
   a) beszélnek b) szólnak c) megbeszélnek

1. Ha van valami problémád, üljünk le, és ....!
   a) meséljük el b) beszéljük meg c) szóljunk

2. Mit .... a tanárnő a kirándulásról?
   a) megbeszélt b) szólt c) mondott

3. Miről .... ez a film? Már nem emlékszem.
   a) szól b) beszélget c) mond

4. .... végre, hogy mi történt tegnap éjjel a buliban?
   a) Elmeséled b) Megbeszéled c) Szólsz

5. Szerinted a szomszéd igazat ....?
   a) mond b) megbeszél c) elmond

6. Hallottam egy jó viccet. ....?
   a) Megbeszéljük? b) Elmondhatom? c) Beszélgetünk?

5. A legjobb nyelvtanulási módszer. Válassza ki a helyes alakot!

0. Dóri beszél / megbeszél kicsit németül, és nagyon szépen beszél / megbeszél franciául.

1. Dóri mesélte / beszélgette, hogy van egy francia barátnője, akivel minden héten egyszer beszélgetnek / megbeszélnek.
2. Sokszor előre beszélgetnek / megbeszélnek egy témát, és a következő alkalommal erről a témáról beszélgetnek / megbeszélnek.
3. Nagyon hasznos, hogy mindig beszélgetik / megbeszélik, mit mondott rosszul.
4. De beszélnek / mondanak másról is.
5. Minden héten mondják / elmesélik, hogy mi történt velük azóta, amióta nem beszéltek / meséltek egymással.
6. Mondanak / Elmondanak egymásnak mindent: mesélnek / elmesélnek munkáról, tanulásról, fiúkról, és beszélik / megbeszélik a problémáikat is.
7. Dóri egyre jobban beszél / mond franciául. Szerinte a beszélgetés / megbeszélés a legjobb módszer a nyelvtanulásra.
8. Örömmel mesélte / beszélte, hogy már vicceket is tud mondani / beszélgetni franciául.
9. Tegnap együtt néztek meg egy francia filmet, ami Párizs kávéházairól mondott / szólt.

6. Alkosson párokat!

0. *A főnököm sokat beszél*
1. Elmeséltem már
2. Egy barátom mesélte, hogy
3. Gyerekkoromban a kedvenc mesém
4. Múlt héten szóltam a szomszédnak, hogy
5. A kedvenc filmem
6. Sokat beszélgetünk

a) japánul szeretne tanulni.
b) a terveinkről.
c) egy kutyáról szól.
d) éjszaka ne tévézzen hangosan.
e) a Hófehérke volt.
f) *a hobbijáról.*
g) a házasságom történetét?

0.	1.	2.	3.	4.	5.	6.
f						

7. A projekt. Válassza ki a helyes igét!

a) Február 12.

Sára: Szia, Zsófi! Hogy vagy? Régen beszéltünk! (0.)	(a) beszéltünk b) meséltünk c) mondtunk
Zsófi: Kösz, velem minden rendben. És te hogy vagy? .... (1.)	a) Beszélj! b) Mesélj! c) Szólj!
Sára: Képzeld, holnap .... (2.) a főnökömmel az új projektünkről.	a) beszélek b) elmondok c) megbeszélem
.... (3.) neki az ötletemet.	a) Elmondom b) Megbeszélem c) Szólok
Bár sajnos ismerem őt: azt fogja .... (4.), hogy nagyon érdekes, és majd	a) beszélni b) megbeszélni c) mondani
.... (5.), ha végiggondolta. Aztán nem történik semmi...	a) beszélget b) beszél c) szól
Zsófi: Biztosan tetszeni fog neki. Majd .... (6.), hogy mi volt!	a) beszélj b) mesélj c) mondj
Sára: Rendben!	

b) Február 14. (Figyelem! Egy szó felesleges.)

~~szólt~~ ▪ beszélgettünk ▪ beszélni ▪ megbeszélte ▪ mesélt ▪ mondta ▪ mondtam ▪ mondott

Sára: Képzeld, Zsófi, tegnap szólt (0.) a főnököm, hogy szeretne .... (1.) velem.

Zsófi: Tényleg? És mit .... (2.)?

Sára: Azt .... (3.), hogy nagyon jó az ötletem. És már .... (4.) a partnerekkel is. Sok érdekes dolgot .... (5.) az egész projektről. Legalább egy órát ....! (6.) Jaj, én úgy örülök!

8. Kérdezzen az aláhúzott mondatrészekre!

0. Az anyukám sokat mesélt nekem gyerekkoromban. – Ki mesélt neked sokat gyerekkorodban?

1. Tamással tegnap hajnalig beszélgettünk.

....

2. A tanárunk azt mondta, hogy holnap tesztet írunk.

....

3. Anna mondta, hogy ma nincs nyitva a könyvtár.

....

4. Beszéljük meg a házi feladatot!

....

9. A szomszéd néni. Válassza ki a helyes igét!

~~beszélgetünk~~ ▪ beszél ▪ beszélnek ▪ beszélni ▪ elmeséli ▪ elmesélni ▪ megbeszél ▪ mesélte ▪ mond ▪ mondja ▪ mondta ▪ mondtam el ▪ szólhatok ▪ szólt ▪ mondom

0. A szomszéd néni nagyon aranyos, néha *beszélgetünk* a liftben.

1. Elég hangosan kell .... hozzá, mert nem hall jól.
2. Bár többnyire úgyis ő ....: szereti ...., hogy mi történt vele tegnap vagy ötven éve.
3. Vicces, amikor .... nekem azt a történetet, amit pár nappal korábban én .... neki.
4. De praktikus dolgokat is ....: ő .... nekem például arról, hogy hétvégén nem lesz meleg víz a házban.
5. És mindig ...., hogy nyugodtan .... neki, ha valami gondom van, ő majd mindent .... a házmesterrel.
6. Hiába .... neki, hogy már nincs házmester.
7. Azt is ő ...., hogy az első emeletre új lakók költöztek.
8. Azt ...., hogy nagyon szimpatikusak, csak kicsit halkan ....

10. A színházban. Kérdezzen az aláhúzott mondatrészekre!

0. Mesélek neked <u>a tegnapi színdarabról</u>, jó? – *Miről mesélsz?*

1. A színdarab <u>férfiakról</u> szólt.

   ....

2. Csak egy színész volt a színpadon, ő mesélt <u>történeteket</u>.

   ....

3. Természetesen sokat beszélt <u>a szerelemről</u>.

   ....

4. És sokat beszélt <u>a feleségéről</u> is.

   ....

5. Elmondta, <u>hogy nem érti a nőket</u>.

   ....

6. Elmesélte <u>az élete történetét</u>.

   ....

7. Mondott <u>vicceket</u> is.

   ....

8. Egyszer-kétszer <u>a közönséggel</u> is beszélgetett.

   ....

11. Alkosson mondatot a megadott szavakkal! Többféle helyes szórend lehetséges.

0. (mi) az, minden reggel, iroda, megbeszél, aznapi feladatok, az
   Minden reggel megbeszéljük az aznapi feladatokat az irodában.

1. (te) ki, a, beszélget, tegnap, buszmegálló?

   ....

2. anyukám, esténként, sok, mesél, gyerekkorom, a

   ....

3. barátnő, beszél, a, két nyelv: magyar és német

   ....

4. (én) elmond, te, egy titok

   ....

5. (ők) mit, mond?

   ....

6. (te) beszél, hangosabban, kérlek

   ....

7. ez a könyv, egy kislány, és, egy macska, szól

   ....

12. Mit csináljak? Egészítse ki a mondatokat felszólító módú igékkel!

Ha nem érzed jól magad a munkahelyeden egy kollégád miatt:

0. *Mondd el* (elmond) a kollégádnak, hogy mi a bajod!
1. .... (beszél) vele a problémáról!
2. .... (beszélget) erről a többi kollégával is!
3. .... (megbeszél) a barátaiddal, hogy mit tudnál csinálni!
4. .... (szól) a főnöködnek!
5. .... (elmesél) neki, mi a helyzet!

13. Válaszoljon hosszabban a kérdésekre!

1. Te miről szeretsz beszélni?

   ....
   ....
   ....

2. Kivel és miről szeretsz beszélgetni?

   ....
   ....
   ....

3. Szoktál pletykálni?

   ....
   ....
   ....

4. Mindig elmondod az igazat?

   ....
   ....
   ....

5. Könnyen tudsz nemet mondani?

   ....
   ....
   ....

8. LÁT, NÉZ, HALL, HALLGAT

Fontos tisztázni, hogy a fenti igék miben különböznek egymástól: a *lát* és *hall* elsősorban az érzékszervi képességet fejezi ki, míg a *néz* és *hallgat* hosszabb, a *meglát* és *meghall* pedig pillanatnyi tevékenység. Felhívjuk a figyelmet arra, hogy a *megnéz* és a *meghallgat* igék a befejezettséget hangsúlyozzák.

Mind the difference between *lát*, *hall*, which express perceptive abilities and *néz*, *hallgat*, which are intentional actions lasting for a longer time, and *meglát*, *meghall*, which are momentary actions. Note also that the verbs *néz* and *hallgat* emphasize a completed action.

LÁT ¦ SEE

1. lát (can) see
   - Jól látok, nincs szükségem szemüvegre.
     I can see well. (My eyes are good.), I don't need glasses.
2. lát (valakit, valamit) (can) see (somebody, something)
   - Láttam Katit tegnap. I saw Kati yesterday.
   - Láttam egy jó filmet. I've seen a good film.

MEGLÁT ¦ CATCH SIGHT OF / NOTICE

meglát (valakit, valamit) catch sight (of somebody, something)

- Szerencse, hogy megláttam őt abban a tömegben. (Váratlanul, véletlenszerűen a szeme elé kerül valaki.)
  Fortunately I caught sight of her in that crowd. (See somebody unexpectedly and by chance.)
- Kiesett a mobilom a táskámból, de szerencsére megláttam, hogy hova esett. (észrevesz)
  My cell phone fell out of my bag but fortunately I saw where it landed. (notice)

NÉZ ⁞ LOOK AT

néz (valakit, valamit) look at, watch (somebody, something)

- A lány a fotókat nézte, a fiú inkább a lányt nézte.
  The girl was looking at the photos while the boy was looking at the girl, instead.
- Most éppen filmet nézek, nem érek rá. (Hosszabb ideig tartó cselekvés, mint a *lát* igénél.)
  I'm busy with watching a film now. (It is a longer action than *lát*.)

FIGYELEM! – N.B.

A *tévét néz* kifejezésben csak a *néz* ige használható; a *lát, meglát* igékkel nem a műsorra utalunk, hanem a készülékre.
In the expression *tévét néz* (watch TV) only the verb *néz* can be used. If you use the verbs *lát* (see), *meglát* (catch sight of) then you refer to the TV set and not the programme.

- Láttál már ilyen nagy tévét? Ez most a legnagyobb modell. Megveszem, és egész nap tévét fogok nézni.
  Have you ever seen such a big TV set? It is the biggest model now. I'm going to buy it and I'm going to watch TV all day long.

MEGNÉZ ⁞ TAKE A LOOK / SEE SOMETHING TO THE END / CHECK

megnéz (valakit, valamit) have a look (at somebody, something)

- Pista jól megnézte azt a csinos lányt.
  Pista took a good look at the pretty girl.
- Megnéztem tegnap egy magyar filmet. (végignéz valamit)
  Yesterday I saw a Hungarian film. (see something to the end)
- Nem jó az autóm, a szerelő majd megnézi. (megvizsgál valamit, utánanéz valaminek)
  My car has broken down, the mechanic will check it. (to examine something)
- Megnézted, hogy hányas vágányról indul a vonatunk? (ellenőriz valakit)
  Have you checked which platform our train leaves from? (make sure of something)

HALL ⁞ HEAR

1. hall (can) hear
   - Beszélj hangosan, a nagypapa már nem hall jól!
     Speak up, Granddad doesn't hear well.
2. hall (valakit, valamit) hear (somebody, something)
   - Mondd még egyszer, mert nem hallak jól, túl hangosan szól a zene!
     Could you repeat it, I can't hear you well, the music is too loud.
   - Csörgött a telefonom, de nem hallottam.
     My phone was ringing but I couldn't hear it.
3. hall (valamit valakiről) hear (something about someone)
   - Hallottam (rólad), hogy jól beszélsz kínaiul. Ez igaz?
     I've heard that you speak Chinese well. Is it true?

4. hall (valamit valakitől) hear (something from someone)
   - Hallottam Katitól, hogy beteg voltál. (megtud valakitől egy hírt)
     I heard from Kati that you had been ill. (get to know / learn something / the news from someone)

MEGHALL ¦ HEAR

meghall (valamit) hear (something)

- Meghallottam, hogy csörög a telefonom. (hangot váratlanul, véletlenszerűen észrevesz)
  I heard my telephone ringing. (to notice a sound unexpectedly, by chance)

FIGYELEM! – N.B.

A *hall* és a *meghall* úgy viszonyul egymáshoz, mint a *lát* és a *meglát*. A *hall* és a *lát* ige magát a képességet jelöli, a *meglát* és a *meghall* pedig egy nagyon rövid cselekvést, azt a pillanatot, amikor észreveszünk valakit vagy valamit.
The verb *hall* is related to *meghall* as the verb *lát* to *meglát*. The verbs *hall* and *lát* indicate ability. The verbs *meglát* and *meghall* indicate a very short action, the moment when we perceive something

- Hallom, amit mondasz. – Meghallottam, hogy a nevemet mondtad.
  I can hear what you're saying. - I've heard that you called my name.
- Most már látlak. – Örülök, hogy megláttalak.
  I can see you now! – I'm so happy that I caught sight of you.

HALLGAT ¦ LISTEN TO

1. hallgat (nem beszél) to keep silent
   - Hiába kérdeztem, ő csak hallgatott.
     I asked him/her in vain, he/she just kept silent.
2. hallgat (valakit, valamit) listen (to somebody, something)
   - Hallgatom a rádiót, érdekes a műsor. (A cselekvés hosszúságát hangsúlyozza.)
     I'm listening to the radio, there is an interesting programme on. (It emphasizes the length of the action.)
   - Művészettörténetet hallgat az egyetemen.
     He/She majors in art history at the university.

FIGYELEM! – N.B.

A *rádiót hallgat* kifejezésben csak a *hallgat* ige használható (mint *tévét néz*).
Listen to the radio (only *hallgat* can be used, see *tévét néz*)

MEGHALLGAT ¦ LISTEN AND ATTEND

meghallgat (valakit, valamit) listen (to somebody, something)

- Meghallgattam a CD-t, nagyon tetszett. (a végéig hallgat valamit)
  I've listened to the CD, I liked it very much. (to listen to something completely)
- Meghallgattam Katit, aki elmondta, hogy mi történt vele.
  I listened to Kati, who told me what had happened to her.

FIGYELEM! – N.B.

A *hallgat* és a *meghallgat* úgy viszonyul egymáshoz, mint a *néz* és a *megnéz*. Míg a *hallgat* és a *néz* a cselekvés folyamatosságára utal, a *meghallgat* és a *megnéz* azt fejezi ki, hogy valaki az elejétől a végéig figyelemmel követi az adott filmet, zenét stb.
The verb *hallgat* is related to *meghallgat* as the verb *néz* to *megnéz*. While the verbs *hallgat* and *néz* refer to the continuity of the action, the verbs *meghallgat* and *megnéz* indicate that someone attentively listens to a piece of music or watches a film.

- Éppen filmet néztem, amikor hívtál. – Megnéztem a filmet, jó volt.
  I was watching a film when you called me. – I've seen the film. It was good.
- Hallgatom a zenét, amit ajánlottál. – Meghallgattam a zenét, amit ajánlottál. Tetszett.
  I'm listening to the music you have recommended. – I've listened to the music you have recommended and I liked it.

ÖSSZEFOGLALÁS | SUMMARY

	KÖZÖS ASPEKTUS • COMMON FEATURES
lát, hall	az észlelés képességét, meglétét jelentő cselekvések actions displaying the ability to perceive something Nem látok semmit. I can't see anything. Zajt hallok. I can hear some noise.
meglát, meghall	hirtelen, véletlenszerű történés a sudden, accidental occurrence Megláttam őt az utcán. I caught sight of her in the street. Meghallottam a hangját. I unexpectedly heard his voice
néz, hallgat	hosszabb ideig tartó, szándékos cselekvés a lengthy, deliberate action filmet néz watch a film zenét hallgat listen to music
megnéz, meghallgat	végignéz vagy végighallgat valamit vagy valakit, befejezi a cselekvést see or listen to something or somebody to the end, complete an action megnéz egy filmet see a film meghallgatja a CD-t listen to the CD

MILYEN KICSI A VILÁG!

Ádám: Hétvégén a Balatonnál voltam. *Megnézed a fotóimat?*

Dávid: Már *láttam az* egész *albumot*, amit feltöltöttél. *Megnéztem* minden egyes *képet*.

Ádám: Igen? Tényleg *mindent megnéztél?* Képzeld, készítettem egy filmet is a balatoni életről. Van benne strand, lángos, biciklizés, borozás...

Dávid: Igen, *azt* is *láttam*.

Ádám: Ja, persze, feltöltöttem a videót is. A legviccesebb az volt, amikor sétáltam a kikötőben, és egyszer csak ismerős *hangokat hallottam*. *Odanéztem*, és *megláttam Péteréket*. Éppen *a hajómenetrendet nézték*. Milyen kicsi a világ!

Dávid: Igen, *láttam a* közös *fotótokat*. Csodálkoztam, hogy együtt *látlak titeket*. Mi van velük? Nem *hallottam róluk* már ezer éve.

Ádám: Keveset beszélgettünk, mert siettek... Tudod mit? *Nézzük meg a képeiket!*

MINISZÓTÁR

csodálkozik (valamin): be surprised (at something)
feltölt (valamit valahová): upload (something somewhere)
hajómenetrend: boat timetable
ismerős: familiar
kikötő: harbour
lángos: Hungarian fried bread

1. Mit mesélnek Péterék a barátaiknak? Egészítse ki a mondatokat!

~~néztük~~ ▪ láttam ▪ meghallottam ▪ néztünk meg ▪ odanéztem ▪ borozunk ▪ hallottuk

0. A kikötőben álltunk, éppen a hajómenetrendet *néztük*.

1. Badacsonyba akartunk áthajózni, mert azt ...., hogy nagyon szép.
2. Egyszer csak .... a nevemet.
3. ...., és Ádám volt az, akit már ezer éve nem ....
4. Mi még nem .... mindent, amit akartunk, és már indult a hajónk is, de megbeszéltük, hogy visszafelé találkozunk, és .... egyet a parton.

2. Egészítse ki a táblázatot!

~~elefántot~~ ▪ élő cápát ▪ magyar filmet ▪ híres embert az utcán ▪ hastáncot ▪ madarakat énekelni ▪ magyar népzenét ▪ szimfonikus zenekart ▪ erről a zenekarról

1. Már láttam	*elefántot*
2. Még sosem láttam	
3. Hallottam	
4. Még sosem hallottam	

3. Milyen gyakran? Egészítse ki a táblázatot!

~~tévét~~ ▪ sorozatokat ▪ meccset ▪ híradót ▪ híreket ▪ időjárás-jelentést ▪ rádiót ▪ zenét ▪ romantikus filmeket ▪ hangoskönyvet ▪ horrorfilmet ▪ rockzenét ▪ komolyzenét

	NÉZEK	HALLGATOK
1. Soha sem	*tévét*	
2. Ritkán		
3. Néha		
4. Gyakran		
5. Mindennap		
6. Minden reggel		
7. Sokszor		

4. **Válassza ki a helyes alakot!**

0. Láttál / Megláttál már Chaplin-filmet?

1. Egész éjszaka filmet néztem / megnéztem.
2. Néztem / Megnéztem végre az új Woody Allen-filmet.
3. Hallottál / Meghallottál már ötvenezer embert egyszerre énekelni?
4. Minden este tévét látok / nézek.
5. Reggel általában meglátom / megnézem a híradót.
6. Hallgattad / Hallottad a rádióban, hogy holnap mínusz 20 fok lesz?
7. Hallgattam / Hallottam a rádiót a kocsiban.
8. Vennem kell egy szemüveget, nem látok / nézek jól.
9. Nagyon sok jót hallottam / meghallottam rólad.

5. **Keresse meg a párokat!**

0. *Most hallottam, hogy*
1. A kedvenc filmemet már
2. Múlt héten megnéztem a tévében
3. Én minden reggel meghallgatom a rádióban
4. Nem mindig hallom meg, ha
5. Képzeld, tegnap láttam az utcán
6. Megnéztem egy magyar filmet,
7. Kontaktlencse nélkül
8. Katitól hallottál

a) sokszor láttam.
b) három meccset.
c) a híreket.
d) egy zsiráfot.
e) és nagyon tetszett.
f) *baleset miatt nem jár a metró.*
g) csöng a telefonom.
h) erről a filmről?
i) nem látok jól.

0.	1.	2.	3.	4.	5.	6.	7.	8.
f								

6. **Csetelés a koncerten. Egészítse ki a mondatokat a megadott szavakkal!**

~~hallottam~~ ▪ hallok ▪ látlak ▪ látlak ▪ látsz ▪ meghallgatom

21:30 Zoli: Szia! *Hallottam* (0.), hogy jössz az Elefánt-koncertre. Itt vagy?

21:40 Gábor: Igen, a színpad előtt, balra. Te?
21:42 Zoli: Én a bárpult mellett, de nem .... (1.). Te .... (2.) engem?
21:44 Gábor: Nem, nem .... (3.). Felhívlak!
21:44 Zoli: Ne, nem .... (4.) semmit a zenétől. Gyere a pulthoz!
21:45 Gábor: Jó! Csak ezt a dalt még .... (5.).

7. Pletyka. Írja be a szavakat a megfelelő mondatba!

~~hallottál~~ ▪ láttam ▪ láttam ▪ láttam ▪ láttad ▪ hallottam ▪ hallottam ▪ hallottad ▪ hallgattam

Ági: *Hallottál* (0.) valamit Juditról? Régen nem .... (1.).
Andi: Nem .... (2.) róla semmit, de .... (3.) őt hétvégén egy koncerten.
Ági: Igen? És .... (4.), hogy kivel volt?
Andi: Igen, de nem ismerem, még soha nem .... (5.) azt a fiút. Magas volt, és fekete hajú.
Ági: Nem .... (6.) a nevét?
Andi: Nem .... (7.), én a koncertet .... (8.).

8. Meghallgatnál? Írja be a szavakat a megfelelő mondatba!

~~megláttál~~ ▪ meghallgatnál ▪ nézd ▪ nézed ▪ látod ▪ hallgass meg ▪ megnéztem ▪ láttál ▪ meghallgatnod

Lány: Nagyon sajnálom, hogy *megláttál* (0.) azzal a fiúval, de szeretném megmagyarázni.
Fiú: Mit kell ezen magyarázni?
Lány: Azért .... (1.)?
Fiú: Persze! De akkor sem értem, hogy mi értelme van ennek a beszélgetésnek.
Lány: Azért csak .... (2.)! És megtennéd, hogy közben nem a mobilodat .... (3.)?
Fiú: Rendben, csak gyorsan .... (4.), hogy történt-e valami a meccsen.
Lány: Na, ... (5.), ezért .... (6.) te engem egy másik fiúval. Már nem is kell .... (7.). Csak .... (8.) tovább a telefonodat!

9. Válassza ki a helyes megoldást!

0. *Nézd meg* ezt a filmet, nagyon jó!
   a) Megnézd b) Nézd meg c) Meghallgasd d) Hallgasd meg
1. .... ezt a dalt, nagyon jó!
   a) Megnézd b) Nézd meg c) Meghallgasd d) Hallgasd meg
2. Azt tanácsolom neked, hogy .... magyar rádióműsorokat, és .... magyar tévécsatornákat.
   a) meghallgasd ... megnézd b) hallgass ... nézz
   c) hallgasd meg ... nézd meg d) hallgasd ... nézd
3. Kitől ...., hogy nem jár a villamos?
   a) láttad b) hallottad c) meghallottad d) nézted
4. Hol vagy? Nem ....!
   a) látok téged b) látom téged c) látlak d) látsz téged
5. Nem hallak ....!
   a) titeket b) őt c) önt d) őket

6. Nem .... a tollamat, de azután .... az asztal alatt.
   a) néztem ... láttam
   b) láttam ... néztem
   c) néztem ... megnéztem
   d) találtam ... megláttam

10. **Írja be a helyes alakot a mondatokba múlt időben!**

0. lát, meglát (én)	A fesztiválon sokan voltak. Nem *láttam* ismerőst, azután egyszer csak *megláttam* Zsuzsit a tömegben.
1. néz, lát (én)	Miközben .... a filmet, rájöttem, hogy egyszer régen már ....
2. hall, hallgat (te, én)	................................, hogy mínusz 15 fok lesz hétvégén? Nem, ma még nem .... időjárás-jelentést.
3. meghallgat, megnéz (te, én)	.... a CD-t, amit kölcsönadtam? Még nem, de a filmet már ....
4. néz, meglát (én)	A vonatból .... a tájat, és hirtelen .... egy medvét.
5. néz, megnéz (én)	Tegnap egész nap tévét ...., ... két filmet és egy meccset.
6. hallgat, hall (én)	Reggel .... a rádiót, és ...., hogy történt egy súlyos buszbaleset.

11. **A segítőkész unoka. Írja be a mondatokba a *megnéz* ige megfelelő alakját!**

a) ▪ *Megnézed* (0.) nekem az interneten, kisunokám, hogy holnap mikor rendel az orvosom?
   • Persze, nagymama, mindjárt .... (1.)!

b) ▪ .... (1.) tudod .... (1.) nekem, hogy jár-e már a 101-es busz?
   • Most nem tudom .... (2.), nagymama, lemerült a mobilom, de negyedóra múlva .... (3.).

c) ▪ Valami baja van a tévémnek. .... (1.) valamikor?
   • Igen, délután átmegyek, és .... (2.).

d) ▪ Hol lehet a szemüvegem? .... (1.) a konyhában?
   • A konyhában már .... (2.), ott nincs.

12. **Ön hol nyaralt utoljára? Mit látott, hallott a helyről az utazás előtt? Mit nézett meg a nyaralóhelyen?**

....
....
....
....

9. MEGNÉZ, MEGLÁTOGAT, TALÁLKOZIK

A *meglátogat* tipikusan kórházi vagy otthoni beteglátogatásra vonatkozik, illetve múzeumok, templomok megtekintésére. A *megnéz* használata szélesebb körű: vonatkozik film, kiállítás, nevezetességek látogatására. A *találkozik* ige használatának nehézségét vonzata okozza: a magyarban *valakivel* vagy *valamivel* találkozunk.

Meglátogat is used when we visit someone in hospital, a sick person at home, relatives or museums and churches. *Megnéz* is used more extensively: in connection with films, exhibitions and sights. Note that the verb *találkozik* is followed by a noun with *-val/-vel* suffix (with).

MEGNÉZ ¦ SEE / WATCH / LOOK AT

megnéz (valakit, valamit) to go to see, look at, watch (somebody, something)

- Megnéztem a kedvenc színészemet az új darabjában.
  I went to see my favourite actor in the new play.

- Megnézem a fotóalbumodat.
  I looked at your photo album.
- Tegnap megnéztem a magyar–német meccset. (végignéz valamit)
  Yesterday I watched Hungary playing against Germany. (see something to the end)

- Megnéztem az új kiállítást a Nemzeti Galériában. (megnéz egy filmet, színdarabot, kiállítást)
  I went to see the new exhibition in the National Gallery. (go to see a film, a play, an exhibition)

MEGLÁTOGAT ¦ VISIT

meglátogat (valakit, valamit) visit (somebody, something)

- Meglátogatom Pétert a kórházban.
  I'm visiting Péter in the hospital.
- Meglátogattunk néhány múzeumot és műemléket.
  We visited a couple of museums and heritage sights.

TALÁLKOZIK | MEET

találkozik (valakivel, valamivel) meet (somebody, something)

- Találkozzunk holnap este!
  Let's meet tomorrow evening.
- Ilyen nehéz feladattal még sosem találkoztam.
  I have never met such a difficult task.

FIGYELEM! – N.B.

A magyar nyelvben a *találkozik* ige vonzata a *-val/-vel* rag.
In Hungarian *találkozik* is followed by a noun with *-val/-vel* suffix.

- Találkoztam Péter*rel*. I met Péter.

A személyes névmás megfelelő alakjai: *velem, veled, önnel, vele, velünk, veletek, önökkel, velük*.
The corresponding forms of the Personal Pronoun are: *velem, veled, önnel, vele, velünk, veletek, önökkel, velük*.

MICSODA VÉLETLEN!

Két régi ismerős találkozik egy ház kapujában.

Kata: Szia, Lili!
Lili: Szia, Kata! Te itt? Micsoda véletlen! Már nagyon régen nem *találkoztunk*. Mi van veled?
Kata: Én itt lakom.
Lili: Tényleg? Ne mondd! Nekem a nagynéném lakik itt. Sokszor jövök ide *meglátogatni őt*. Már legalább öt éve itt lakik. Hogy lehet, hogy még soha nem *találkoztunk?*
Kata: Ritkán vagyok itthon, mert sokat utazom. Tudod, a szüleim külföldön élnek, és gyakran *meglátogatom őket*.
Lili: Nekem a barátom él külföldön: Londonban.
Kata: Nahát! Nekem is Londonban lakik a barátom.
Lili: Tényleg? És milyen gyakran tudtok *találkozni?*
Kata: Sajnos ritkán, de pont a hétvégén *látogattam meg*. Bankban dolgozik, ezért nincs sok szabadnapja, sajnos. Amikor *meglátogatom*, általában hosszabb ideig maradok nála. Ilyenkor mindig *megnézünk* néhány *helyet* Londonban.
Lili: Mit mondtál, bankban dolgozik? Érdekes! Az én barátom is bankban dolgozik. Hogy hívják a barátodat?
Kata: Máténak.
Lili: Hála a jó égnek! Az már tényleg nagyon furcsa lenne, ha még a nevük is ugyanaz lenne!

MINISZÓTÁR

általában: usually
furcsa: weird
Hála a jó égnek!: Thank Heaven!
ilyenkor: in that case
külföld: abroad
szabadnap: day off
tényleg: really
véletlen: accidental

1. **Válassza ki a szöveg alapján a megoldásokat! Minden kérdésnél két jó és egy rossz válasz van.**

1. Kik laknak ebben a házban?
   a) Kata b) Lili c) Lili nagynénje
2. Kik élnek külföldön?
   a) Lili szülei b) Lili barátja c) Kata szülei
3. Kik dolgoznak bankban?
   a) Kata barátja b) Lili barátja c) Kata nagynénje

2. **Párosítsa a kifejezéseket!**

~~egy meccset~~ ▪ a nagymamát ▪ egy sorozatot ▪ a nagymamával ▪ egy filmet ▪ egy kiállítást ▪ a barátaival ▪ egy külföldi barátját ▪ a családjával ▪ egy régi ismerőssel ▪ a rokonokat ▪ a betegeket ▪ egy problémával ▪ egy drámát ▪ a helyi nevezetességeket

megnéz	*egy meccset,*
meglátogatja	
találkozik	

3. **Melyik a helyes?**

0. Meglátogatom *Borit*. Influenzás, és otthon fekszik betegen.
   a) Bori (b)) Borit c) Borival
1. Mikor találkozol legközelebb a ....?
   a) barátaid b) barátaidat c) barátaiddal
2. Meglátogattuk .... a kórházban.
   a) Miklós b) Miklóst c) Miklóssal
3. Mikor .... az új előadást?
   a) nézzük meg b) találkozunk c) látogatjuk meg
4. Emlékszel arra a napra, amikor először .... a férjeddel?
   a) megnézted b) találkoztál c) meglátogattad
5. .... találkoztok holnap?
   a) Ki b) Kit c) Kivel
6. Nem találkozom hétvégén ...., mert nagyon sok dolgom van.
   a) senkit b) senkivel c) senkihez

4. Melyik a helyes?

0. Meglátogatjuk / Megnézzük az új filmet?

1. Még sosem találkoztam / néztem meg ilyen szép lánnyal.
2. Látogassuk meg / Találkozzunk a barátomat! Kórházban van szegény.
3. Szeretnék találkozni téged / veled.
4. Amikor Franciaországban nyaraltunk, sok kastélyt megnéztünk / találkoztunk.
5. Mikor találkozunk / meglátogatunk legközelebb?
6. Ha megint erre járunk, szívesen meglátogatunk / találkozunk titeket.
7. Kivel szeretnél találkozni / meglátogatni hétvégén?
8. Megnézzük / Meglátogatjuk a fotóalbumomat?

5. Kérdezzen az aláhúzott mondatrészekre!

0. Nem szívesen találkoznék egy gorillával. – *Mivel nem találkoznál szívesen?*

1. A híres múzeumok és galériák közül meglátogatnám a Louvre-t.
   ....
2. A híres színészek közül örömmel találkoznék George Clooney-val.
   ....
3. Hétvégén meglátogattam a nagypapámat a kórházban.
   ....
4. Moziban néztük meg az új filmet.
   ....
5. Hétvégén megnézzük az új kiállítást.
   ....
6. Ezzel a problémával még nem találkoztam.
   ....
7. A meccset angol turistákkal néztem meg.
   ....

6. Keresse meg a párokat!

0. *Tavaly meglátogattam Brazíliában*	a) velük.
1. Már nagyon régen találkoztam	b) meglátogatnak.
2. Megnéztem	c) költöznek.
3. A barátaim mondták, hogy ők is szeretnék	d) egy-két szamurájjal.
4. Megígérték, hogy majd engem is	e) a riói karneválť.
5. Azt tervezik, hogy két év múlva Japánba	f) megnézni Európát.
6. Oda is elmegyek, hátha találkozom	g) *az amerikai barátaimait.*

0.	1.	2.	3.	4.	5.	6.
g						

7. Anna e-mailt ír a hétvégi programról. Írja be a hiányzó szavakat a megfelelő helyre!

Kedves Barátaim!

Jövő hét végén Bükkszentkeresztre kirándulunk. Érkezés után a szállásra megyünk, és lepakoljuk a csomagokat. Ha szeretnétek, akkor ott ehetünk és ihatunk valamit, és utána megnézzük (0.) a helyi nevezetességeket.

Sok a látnivaló! .... (1.) a kilátótornyot a hegy tetején, onnan gyönyörű a kilátás. A faluban .... (2.) majd a templomot, és .... (3.) a helyi kézműveseket is. Úgy tudom, ... (4.) híres művészekkel is, csak időpontot kell kérni tőlük.

Délután a fiúk .... (5.) az év meccsét: a helyi csapat a szomszéd falu ellen játszik. Biztosan izgalmas lesz.

Vasárnap pedig .... (6.) a nagynénémet. Ott lakik a szomszéd faluban. Azt mondta, szívesen .... (7.) veletek, látogassuk meg őt, ha arra járunk, és egyúttal .... (8.) a faluját is.

Remélem, mindenkinek tetszik a program. .... (9.) szombaton!

Sziasztok,
Anna

0. a) Megnézünk	b) Megnézzük	c) Találkozunk
1. a) Meglátogatunk	b) Megnézünk	c) Megnézzük
2. a) meglátogatunk	b) megnézünk	c) megnézzük
3. a) meglátogatjuk	b) meglátogatunk	c) találkozunk
4. a) meglátogatjuk	b) meglátogathatunk	c) találkozhatunk
5. a) megnézhetik	b) megnézhetnek	c) találkoznak
6. a) meglátogathatnánk	b) találkozunk	c) találkozhatnánk
7. a) meglátogatna	b) megnézne	c) találkozna
8. a) megnézhetjük	b) megnézünk	c) találkozunk
9. a) Meglátogatunk	b) Megnézünk	c) Találkozunk

8. Egy héttel később Anna e-mailben mesél a kirándulásról egy barátnőjének. Tegye múlt időbe az igealakokat!

Jól sikerült a kirándulás. Szerencsére minden rendben volt. *Megnéztük* a helyi nevezetességeket. ....

....

....

....

....

....

....

....

9. Alkosson mondatokat!

0. (te) mikor, anyukád, találkozik? – *Mikor találkozol anyukáddal?*
1. (ti) találkozik, a kórház előtt, miért?

   ....
2. (ti) meglátogat, melyik unokatestvéred?

   ....
3. (te) mikor, meglátogat, újra, a nagypapád?

   ....
4. (ti) melyik film, megnéz, este, a barátnőd?

   ....
5. (ti) hol, megnéz, a film?

   ....
6. (te) hol, találkozik, a csoporttársad?

   ....

10. Meséljen egy olyan kirándulásról, amelyre szívesen emlékszik! Egészítse ki a mondatokat!

1. Emlékszem, amikor .... kirándultunk.
2. Megnéztük a/az ....

   ....
3. Meglátogattuk a/az ....

   ....
4. Találkoztunk ....

   ....

10. TUD, ISMER, LEHET, -HAT/-HET

A *tud* és az *ismer* igék könnyen keverhetők: míg a *tud* lexikális tudást vagy képességet jelöl, az *ismer* személyes kapcsolatot, tapasztalatot feltételez egy adott személlyel vagy dologgal. Sajátos magyar nyelvi jelenség a *-hat/-het* képző, amellyel engedélyt vagy lehetőséget fejezhetünk ki.

The verbs *tud* and *ismer* are easy to mix up: *tud* refers to lexical knowledge or ability to do something, *ismer* supposes a personal relationship, experience in connection with someone or something. With the suffix *-hat/-het* we can express permission or possibility.

TUD ¦ KNOW / CAN

1. tud (valamit) know (something)
   - Tudom Kati e-mail-címét. I know Kati's e-mail address.
2. tud (valamit csinálni) can (do something)
   - Panni szépen tud gitározni. (képesség, tanult tudás)
     Panni can play the guitar well. (ability)
   - Nem tudtam kenyeret venni, mert már zárva volt a bolt. (lehetőség)
     I couldn't buy bread because the shop was closed. (possibility)
3. tud (valamilyen nyelven) can speak (a language)
   - Tudsz franciául vagy németül? Can you speak French or German?
4. tud (valakiről valamit) know (something about somebody)
   - Nem tudtam rólad, hogy szereted a krimiket. I didn't know that you like crime stories.
5. tud valakit (ajánlani) = ismer valakit (köznyelvben)
   can recommend somebody = know of somebody (coll)
   - Tudsz egy jó fodrászt? (= Ismersz egy jó fodrászt?) Do you know of a good hairdresser?

FIGYELEM! – N.B.

A *tud* igét nem lehet együtt használni a *hall, lát* igékkel.
The verb *tud* cannot be used with the verbs *hall* and *lát*.
- Nem látok sehol egy taxit. I can't see a taxi anywhere.
- Nem hallok semmit. I can't hear anything.

ISMER ¦ KNOW

ismer (valakit, valamit) know (somebody, something)
- Ismered Katit az irodából? ~~(Tudod Katit az irodából?)~~ Do you know Kati from the office?
- Ismerek/Tudok egy jó fodrászt. I know of a good hairdresser.
- Jól ismerem a problémát. I know this problem well.

LEHET ¦ CAN / MAY

1. lehet (valamit csinálni) can/may (do something)
   - Itt le lehet menni a földszintre? Elnézést, lehet itt dohányozni? (szabad)
     Can we go downstairs here? Excuse me. May I smoke here? (is allowed to)
2. lehet, hogy... might
   - Lehet, hogy elmegyünk este vacsorázni. (lehetséges, talán)
     We might eat out in the evening. (possible, maybe)
3. Válasz egy kérdésre: Lehet. Maybe. Perhaps.
   - Jössz színházba? – Lehet. (talán, nem biztos)
     Will you come to the theatre? – Maybe. (perhaps, not sure)

-HAT/-HET ¦ CAN / MAY / MIGHT

1. Kérdezhetek valamit? (udvarias engedélykérés)
   Can/May I ask you something? (asking for something / giving permission)
2. Este elmehetünk moziba, ha van kedved. (lehetőség megadása)
   In the evening we can go to the cinema if you feel like to. (possibility)

FIGYELEM! – N.B.

tud – -hat/-het can

- Fáj a lábam, nem tudok futni. (képesség)
  My leg is aching, I can't run. (ability)
- Az orvos azt mondta, hogy nem futhatok. (tiltás)
  The doctor said that I mustn't run. (permission)
- Fáj a lábam, nem tudok lemenni a lépcsőn. (képesség)
  My leg is aching, I can't go down the stairs. (ability)
- Este elmehetünk moziba, ha van kedved. (lehetőség)
  We may go to the cinema in the evening if you feel like to. (permission)
- Tudok vezetni. (megtanultam vezetni, letettem a vizsgát)
  I can drive (I have learned it, I have taken the test.)
- Vezethetek. (van jogosítványom, nem ittam alkoholt)
  I may drive (I have a driving licence, I haven't drunk any alcohol.)

PLETYKA

A kolléganők az irodában nem tudnak semmit...

Zsuzsi: Szia, Éva! *Bejöhetek?* Ráérsz egy kicsit?
Éva: Persze, hogy *bejöhetsz*. Mi újság?
Zsuzsi: Figyelj, te *tudtad, hogy* Kati hétvégén férjhez ment?
Éva: Micsoda??? Az lehetetlen! *Honnan tudod?*
Zsuzsi: Én sem *tudtam* idáig. Éppen kávéztam, és véletlenül meghallottam, hogy telefonál. Az esküvőjéről és a férjéről mesélt valakinek. A férjét Kornélnak hívják, és egy zenekarban gitározik. Nyáron találkoztak egy koncerten. Én nem *tudom, hogy* ki ez a fiú. Te *ismered?*
Éva: Kornél? Olyan *ismerős* ez a név... Ja, persze! Nem az a fiú az Elefánt együttesből, aki olyan jól *tud gitározni*?
Zsuzsi: De igen, *lehet*!
Éva: Várjunk csak! Én ott voltam, amikor először találkoztak. Együtt voltunk Katival azon a koncerten, de én nem *tudtam* sokáig *maradni*.
Zsuzsi: Csak azt *nem tudom*, Kati hogyan *tudta eltitkolni* az esküvőt.
Éva: Én sem *tudom*... *Lehet, hogy* már babát vár?

MINISZÓTÁR

babát vár: expect a baby
együttes: band
eltitkol (valamit): keep (something) secret
esküvő: wedding
férjhez megy (valakihez): get married (to somebody)
Honnan tudod?: How do you know?
pletyka: gossip
ráér (valamire): have time (for something)
Várjunk csak!: Wait a moment!
véletlenül: by chance
zenekar: band

1. Döntse el, hogy az alábbi állítások igazak vagy hamisak!

1. Éva és Zsuzsi nem tudták, hogy Kati férjhez ment. IGAZ HAMIS
2. Mindketten ismerik Kati férjét. IGAZ HAMIS
3. Éva ott volt, amikor Kati először találkozott a férjével. IGAZ HAMIS
4. Kati titokban tudta tartani az esküvőt. IGAZ HAMIS
5. A kolléganők biztosak benne, hogy Kati babát vár. IGAZ HAMIS

2. Mit hol *lehet* csinálni? Egészítse ki a mondatokat!

0. Kávézni *otthon és kávézóban lehet.*

1. Vacsorázni ....
2. Buszjegyet venni ....
3. Bulizni ....
4. Vizsgázni ....
5. Jógázni ....
6. Aludni ....

3. A város, ahol élek. Válaszoljon a kérdésekre!

0. Hol lehet a városban finomat vacsorázni?
Például a Sziget étteremben.

1. Hol lehet szép helyen sétálni? ....
2. Hol lehet tipikus magyar ajándékokat venni? ....
3. Hol lehet finom koktélokat/borokat inni? ....
4. Hol lehet külföldiekkel találkozni? ....
5. Hol lehet piknikezni? ....

4. Mit nem lehet, nem szabad, tilos csinálni? Fejezze be a mondatokat!

0. Az iskolában, az órákon nem lehet *telefonálni.*

1. A benzinkúton nem lehet ....
2. Munkaidő alatt nem lehet ....
3. Egy tizenöt éves mobiltelefonnal nem lehet ....
4. Egy kétéves gyerekkel nem lehet ....
5. Influenzásan nem lehet ....
6. Diéta/fogyókúra idején nem lehet ....

5. Tipikus kérdések. Írja be a megadott igék helyes alakját (ige + *-hat/-het*)!

0. A boltban: *Fizethetek* kártyával? (fizet)

1. A tanuló: .... valamit? (kérdez)
2. Az eladó: .... még valamit? (ad)
3. A fiú a diszkóban: .... a nevedet? (megkérdez)
4. A vendég az étteremben: .... egy étlapot? (kér)
5. Az óvodás: Anya, ... még csokit? (kap)
6. A tinédzser: Anya, ... a koncertre? (elmegy)

6. ***Tudok/tudom*** **vagy** ***ismerek/ismerem?*** **Válassza ki a helyes alakot!**

0. Elég jól tudok / tudom táncolni, de nem ismerek / ismerem minden tánclépést.
1. Tudok / Tudom, hogy ma van a születésnapod, de sajnos nem tudok / tudom elmenni a szülinapi vacsorádra.
2. Ismerek / Ismerem egy jó magyartanárt, de nem tudok / tudom az e-mail-címét.
3. Katitól tudok / tudom, hogy te is ismersz / ismered a volt főnökömet.
4. Nem tudok / tudom bemenni az ajtón, mert nem tudok / tudom a kapukódot.
5. Tudok / Tudom, hogy mikor volt a waterlooi csata, de nem tudok / tudom róla semmi mást.
6. Most nem tudok / tudom segíteni neked, mert sietek.
7. Nem ismerek / ismerem mindenkit az iskolából, de őket ismerek / ismerem személyesen.
8. Nem tudok / tudom sokat Kossuth Lajosról, csak a Kossuth teret ismerem / ismerek.

7. **Párosítsa a szavakat, kifejezéseket! Van, ahol több megoldás is lehetséges.**

~~*egy jó fogorvost*~~ ▪ síelni ▪ az egész családot ▪ itt buszjegyet venni ▪ a telefonszámát ▪ a római számokat ▪ őt jól ▪ itt parkolni ▪ egy jó viccet ▪ zongorázni ▪ magyarul ▪ őket ▪ mindenkit ▪ hogy elutazom valahová ▪ a szokásaidat ▪ Budapestet

1. Ismerek	*egy jó fogorvost,*
2. Ismerem	
3. Tudok	*egy jó fogorvost,*
4. Tudom	
5. Lehet	

8. **Melyik Kornél? Írja a megfelelő szót a megfelelő helyre!**

~~*ismered*~~ ▪ ismerek ▪ tudom ▪ tudni ▪ ismerem ▪ ismered

Adri: *Ismered* (0.) Kornélt?
Béla: Melyik Kornélt? Két Kornélt is .... (1.).
Adri: A zenész Kornélt, aki gitározik.
Béla: Igen, őt .... (2.).
Adri: És a feleségét is .... (3.)?
Béla: Én úgy .... (4.), hogy Kornélnak nincs felesége, és szerintem soha nem is lesz.
Adri: De van, hétvégén megházasodott.
Béla: Az lehetetlen!
Adri: Látod, sosem lehet .... (5.)!

9. **Egészítse ki a mondatokat a megadott szavakkal!**

~~kérdezhetek~~ ▪ lehetetlen ▪ kérdezhetsz ▪ tudod ▪ tudom ▪ tudunk ▪ tudunk

Férfi: Kérdezhetek (0.) valamit?
Nő: Persze hogy .... (1.)!
Férfi: Miért nem utazunk el hétvégén valahová?
Nő: Most nem .... (2.) elutazni, mert nagyon sok a munkám.
Férfi: Nem .... (3.) azt a sok munkát a jövő hétre halasztani?
Nő: Nem, az sajnos .... (4.).
Férfi: És mikor .... (5.) végre elutazni valahová?
Nő: Nem .... (6.). Talán a jövő hónapban.

10. **Az áruházban. Egészítse ki a mondatokat a *tud, ismer, lehet* szavak megfelelő alakjával! Van, ahol két megoldás is jó.**

Vásárló 1: Bocsánat, nem tudod (te) (0.), hol .... (1.) itt sportcipőt kapni? Egyáltalán nem .... (2.) (én) ezt az áruházat.
Vásárló 2: Én is csak egy sportboltot .... (3.)) itt, a másodikon. Ott ....(4.) felmenni a lépcsőn.
Vásárló 1: Köszönöm! És azt nem .... (5.) (te), hogy lehet-e kártyával fizetni?
Vásárló 2: Ha jól .... (6.) (én), igen, ... (7.).

11. **Kérdezzen az aláhúzott mondatrészekre a példa szerint! Írja le az igét is!**

0. Én tudom, miért hívják ezt az éttermet Ultrának. – Mit tudsz?

1. A pincérek két nyelven tudnak. ....
2. Krokodilsteaket is tudnak sütni. ....
3. Ismerem a szakácsot is. ....
4. A tulajdonosról nem tudok semmit. ....
5. Itt sajnos csak készpénzzel lehet fizetni. ....
6. Az étterem mögött tudsz parkolni. ....
7. A barátainkkal jókat tudtunk itt beszélgetni. ....
8. Tavaly somlói galuskát is lehetett kapni a menzán. ....

12. **Nagypapa és a számítógép. Alkosson mondatokat!**

0. a nagypapám, tud, minden – A nagypapám mindent tud.

1. szörföl, tud, és, csetel ....
2. a fontosabb weboldalak, már, ismer ....
3. tud, hogyan, nyomtat, kell ....
4. küld, tud, e-mail ....
5. filmek, letölt, tud, is ....
6. angol, már, kicsit, tud, is ....
7. elmegy, hogy, lehet, egy, számítógépes tanfolyam ....

13. **A beteg diák. Válassza ki a helyes alakot!**

Zolika: Csókolom, tanárnő! Bejöhetek? (0.).	a) Be tudok jönni b) Be tudom jönni c) Bejöhetek
Tanárnő: Persze, Zolika, gyere csak! Mi történt?	
Zolika: Azt szeretném kérdezni, hogy .... (1.). Nem vagyok jól, már éjszaka sem .... (2.). Most már nagyon köhögök, és .... (3.), hogy lázas is vagyok.	a) haza tudok-e menni b) hazamehetek-e c) haza lehet-e menni a) tudtam aludni b) aludhattam c) ismertem aludni a) tudok b) lehet c) ismerem
Tanárnő: Zolika, nem csak az a bajod, hogy .... (4.), hogy dolgozatot írtok matekból?	a) ismersz b) hallottad c) ismered
Zolika: Nem, tanárnő! Tegnap nagyon sokat tanultam, én most mindent .... (5.).	a) ismersz b) tudok c) lehet
Tanárnő: Jól van, menj haza! .... (6.) egyedül?	a) Haza tudsz menni b) Hazamehetsz c) Haza lehet menni
Zolika: Nem .... (7.), remélem.	a) tudok b) tudom c) ismerem
Tanárnő: A szüleid nem .... (8.) hazavinni?	a) tudnak b) ismernek c) lehet
Zolika: Nem .... (9.). .... (10.) őket innen?	a) tudok b) tudom c) ismerem a) Felhívhatom b) Hívhatom fel c) Lehet felhívni
Tanárnő: Persze!	

14. **Folytassa a mondatokat!**

Nagyon jól tudok ....

....

Jól tudok .... és ....

....

Sajnos nem tudok jól ....

....

15. **Ön mit tervez a jövő hétre? Használja a *lehet, hogy...* kifejezést!**

Jövő héten lehet, hogy ....

....

....

....

11. VAN

A létige használata különös figyelmet igényel. Egyrészt meg kell jegyezni, mikor nem használjuk, másrészt a birtoklás kifejezésének is része, amely nem fordítható le szó szerint.

The use of the verb *van* greatly differs from the use of its English equivalent, the verb *to be*. Most importantly, it is not used in certain cases and it is also used to express possession .

LÉTEZÉS ¦ EXISTENCE

A magyar nyelvben jelen időben és kijelentő módban E/3. (ő) és T/3. (ők) személyben és magázó formában (ön, önök) nem használjuk a *van* igét főnévi vagy melléknévi összetett állítmány esetén.

The verb *van* (to be) is not used in the third person Singular (ő) and Plural (ők) and informal style (ön, önök) if it is followed by a noun or an adjective.

KI?	KI? MI? KIK? MIK? MILYEN? MILYENEK?	VAN / ~~VAN~~	NEM ...	
én		vagyok	Nem vagyok	
te	orvos	vagy	Nem vagy	orvos.
ön	magyar		Nem ~~van~~	magyar.
ő		~~van~~		
ez, az	szendvics		Ez nem ~~van~~	szendvics.
mi		vagyunk	Nem vagyunk	
ti	orvosok	vagytok	Nem vagytok	orvosok.
önök	magyarok		Nem ~~vannak~~	magyarok.
ők		~~vannak~~		
ezek, azok	szendvicsek		Ezek nem ~~vannak~~	szendvicsek.

FIGYELEM! – N.B.

- Ez a virág szép. – Ezek a virágok szépek. This flower is beautiful. – These flowers are beautiful.
- Ez szép virág. – Ezek szép virágok. It's a beautiful flower – These are beautiful flowers.

Minden személyben használjuk a *van* ige ragozott alakját, ha határozószó áll mellette, jelen idő, kijelentő módban is.

The verb *van* (to be) is used in every person if it is followeed by an adverb.

KI?	HOL? MIKOR? KIVEL? HOGY(AN)?	VAN / VANNAK	NEM / NINCS / NINCSENEK ...	
én		vagyok	Nem vagyok	
te		vagy	Nem vagy	
ön				
ő	itt	van	*Nincs*	
ez, az	most			jól.
mi	Katival	vagyunk	Nem vagyunk	itt.
ti	jól	vagytok	Nem vagytok	
önök				
ők		vannak	*Nincsenek*	
ezek, azok				

FIGYELEM! – N.B.

Múlt időben, jövő időben, felszólító és feltételes módban minden esetben kitesszük a létigét.
In Past Tense and Future Tense the past and future form of the verb *van* (to be) is used in every person.

- Mária fáradt. – Mária fáradt *volt*. – Mária fáradt *lesz*.
  Mária is tired. – Mária was tired. Mária will be tired.
- A gyerekek éhesek. – A gyerekek éhesek *voltak*. – A gyerekek éhesek *lesznek*.
  The children are hungry – The children were hungry. – The children will be hungry.
- Mária is legyen itt! Mária should also be here.
- Örülnék, ha Mária itt lenne. I would be happy if Mária was here.

TOVÁBBI HASZNÁLAT ¦ FURTHER USAGE

1. - Van még palacsinta? – Igen, van. / Nem, nincs. (van még valamiből)
     Are there any pancakes left? – Yes, there are. / No, there aren't. (there is some left)
2. - Júliusban mindig meleg van. Az irodánkban is nagyon meleg van. (időjárás, hőmérséklet)
     It is always hot in July. In our office it is also very hot. (weather, temperature)
   - Meleg van (ebben a szobában). – Melegem van (nekem).
     It is hot (in this room). – I'm hot. (I feel hot.)
   - Hideg van (ebben a szobában). – Fázom (én).
     It is cold (in this room). – I'm cold. (I feel cold.)
3. A *hol, rendben, kész* szavak mellett állhat *van*, de el is hagyható.
   The use of *van* is optional after *hol, rendben, kész*.
   - Hol (van) a szemüvegem? Where are my glasses?
   - Rendben (van). It's all right.
   - Kész (van). It's ready.

BIRTOKLÁS ¦ POSSESSION

A birtoklás kifejezéséhez is szükséges a létige használata, a személynek megfelelő birtokos személyrag hozzáadásával.

In expressing possession the verb *van* (to be) is used in every person with a possessive suffix.

<table>
<tr><th>KINEK?</th><th>MIJE?</th><th>MIJEI?</th><th>VAN / VOLT / LESZ...</th></tr>
<tr><td>(nekem)</td><td>kutyám</td><td>kutyáim</td><td rowspan="6">van/nincs
vannak/nincsenek

volt / nem volt
voltak / nem voltak

lesz / nem lesz
lesznek / nem lesznek</td></tr>
<tr><td>(neked)</td><td>kutyád</td><td>kutyáid</td></tr>
<tr><td>(neki)
Évának, Eriknek,
a barátomnak</td><td>kutyája</td><td>kutyái</td></tr>
<tr><td>(nekünk)</td><td>kutyánk</td><td>kutyáink</td></tr>
<tr><td>(nektek)</td><td>kutyátok</td><td>kutyáitok</td></tr>
<tr><td>(nekik)
Éváéknak,
Erikéknek,
a barátaimnak</td><td>kutyájuk</td><td>kutyáik</td></tr>
</table>

Nekem van/nincs kutyám. I have / don't have a dog
Nekem vannak/nincsenek kutyáim. I have / don't have dogs.
Neked van/nincs kutyád. You have / don't have a dog.
Neked vannak/nincsenek kutyáid. You have / don't have dogs.
Neked legyen / ne legyen kutyád! You should / shouldn't have a dog.
Jó lenne, ha lenne / nem lenne kutyám! It would be good if had / didn't have a dog.
Jó lett volna, ha lett volna / nem lett volna kutyám! It would have been good if had had / hadn't had a dog.
Lett / Nem lett végül kutyád? Did you have/get a dog in the end?

LAKÁS KIADÓ

Egy házaspár albérletet keres. A tulajdonos megmutatja nekik a kiadó lakást.

Jöjjenek be, kérem! *Kovács János vagyok,* a tulajdonos. Megmutatom a lakást. Tessék, csak tessék! Ez itt az előszoba és a konyha, egyben. Sajnos nem túl nagy. A hűtő kicsit régi, de *van benne* fagyasztó is, és nem túl hangos.
Itt van szemben a fürdőszoba a zuhanyzóval. A vécé is *itt van* a fürdőszobában. Most sajnos *nincs* meleg *víz*, de már hívtam a szerelőt. Holnap jön, vagy holnapután. Menjünk is tovább! *Itt van* a szoba a galériával. Két embernek szerintem ideális. *Fent van* a matrac, itt lent lehet dolgozni. Az íróasztal teljesen új, a kanapé is csak hároméves. Sajnos a tévé két hete nem működik, de ugye ez nem olyan nagy probléma? Én például soha nem nézek tévét. Nos, hogy tetszik? Nem rossz, ugye? Ráadásul olcsó is, csak 90 000 forint. Nagyon jó ár ebben a kerületben.

MINISZÓTÁR

albérlet (lakás): lodgings, digs
fagyasztó (hűtőszekrényben): freezer
galéria: loft
kerület: district
matrac: mattress
működik: work
ráadásul: furthermore
szerelő: mechanic
tulajdonos: owner
zuhanyzó: shower

1. Igaz vagy hamis?

1. A lakásban van külön konyha és előszoba.	IGAZ	HAMIS
2. A hűtő nem működik.	IGAZ	HAMIS
3. A vécé a fürdőszobában van.	IGAZ	HAMIS
4. A tulajdonos kihívta a tévészerelőt.	IGAZ	HAMIS
5. A házaspár szerint olcsó ez az albérlet.	IGAZ	HAMIS

2. Egészítse ki a mondatokat a *van* igével, ahol szükséges!

1. Kati új barátja ügyvéd ....
2. Mikor .... az ügyfélfogadás?
3. Szenteste december 24-én ....
4. Hány éves .... a lányod?
5. Szép .... a szemed. Olyan kék ...., mint a tenger.
6. Ki .... ott az a hangos fiú?
7. A szemüveged ott .... az asztalon.
8. Ő .... Mária, a barátnőm ....

3. Egészítse ki a kérdéseket a *van* szóval, ha szükséges!

1. Mi ez ....?
2. Milyen .... a leves?
3. Hány forint .... a leves?
4. .... paradicsomleves?
5. Hol .... a paradicsomleves?
6. Hol .... az új mobilod?
7. Milyen .... az új mobilod?
8. Szép .... az új mobilod?
9. Ez .... az új mobilod?
10. Ez itt .... az új mobilod?
11. Ki .... az új főnököd?
12. Ki .... most a főnököd?
13. Fiatal .... az új főnököd?
14. Hány éves .... az új főnököd?
15. Ő .... a főnököd?
16. .... autód?
17. Hol .... az autód?
18. Új .... az autód?
19. Milyen márkájú .... az autód?
20. Hány autód ....?
21. Hány órakor .... a magyarórád?
22. Hol .... a magyarórád?
23. Milyen .... a magyarórád?
24. Jó .... a magyarórád?
25. Hétfőn .... a magyarórád?
26. Hány tanuló .... a magyaróràn?
27. Milyen .... a lakásod?
28. Meleg .... a lakásod?
29. Meleg .... a lakásodban?
30. Hány fok .... a lakásodban?

4. A büfében. Egészítse ki a mondatokat a *van* szóval, ha szükséges!

Büfés: Jó napot! Mit adhatok?
Vásárló: Jó napot! Krumplileves *van* (0.)?
Büfés: Igen.
Vásárló: Jó, akkor egy krumplilevest kérek szépen. És az .... (1.) ott csirke?
Büfés: Nem, az ott .... (2.) halfilé, de ez .... (3.) itt csirke.
Vásárló: Nem .... (4.) csípős, ugye?
Büfés: Nem.

Vásárló: Akkor ebből kérek szépen, fél adag rizzsel és fél adag zöldséggel. És milyen gyümölcslé .... (5.)?
Büfés: Most csak alma és narancs .... (6.). Melyikből adhatok?

5. **Egészítse ki a mondatokat a *van* vagy *nincs* szavakkal, ha szükséges!**

0. Apukám fogorvos –.

1. A rendelője a belvárosban ...., nagyon elegáns és modern ....
2. Röntgengépe sajnos ....
3. Szerencsére sok betege ....
4. Ők azt mondják, hogy apukám .... az egyik legjobb fogorvos a városban.
5. Két asszisztense ....
6. Az egyik lány Andrea ...., ő 27 éves ....
7. A másik lány Éva ...., ő öt-hat évvel idősebb ....

6. ***Van* vagy *nincs?* Alakítsa át a tagadó mondatokat állítóvá, majd tegye többes számba!**

TAGADÁS	ÁLLÍTÁS	TÖBBES SZÁM
0. Nincs leves.	Van leves.	Vannak levesek.
1. Nincs csípős leves.		
2. A leves nem csípős.		
3. Ma nincs meccs.		
4. Nem ma van a meccs.		
5. A meccs nem jó.		
6. Itt nincs jó pulóver.		
7. A pulóver nem szép.		
8. Nincs jó pulóverem.		
9. Ez a fiú nem a barátom.		
10. Ma nincs hideg.		–
11. A lakás nem hideg.		

7. **Alakítsa át az állító mondatokat tagadóvá, és fordítva!**

0. Meleg van. → *Nincs meleg.*

1. A leves forró. → ....
2. Ki van itt? → ....
3. A kutyánk nem szép, de okos. → ....
4. Van macskánk, de nincs hörcsögünk. → ....
5. A házunkban van dolgozószoba, de nincs garázs. → ....
6. Van kedved moziba menni? → ....

8. Tegye át a mondatokat múlt időbe!

0. Nagyon érdekes ez a film. → *Nagyon érdekes volt ez a film.*

1. Mikor van a téli szünet? → ....
2. Nagyon finom az ebéd. → ....
3. Nincs szendvics a büfében. → ....
4. Sok munkám van, ezért nincs időm. → ....
5. Hol van a pénztárcád? → ....
6. Nem jó ez a könyv. → ....
7. Renáta 70 kiló. → ....
8. A könyv 3500 forint. → ....

9. Gondolatok az étteremben. Tegye át a mondatokat múlt időbe!

0. Nagyon érdekes ez az étterem. → *Nagyon érdekes volt ez az étterem.*

1. Csak egy pincér van. → ....
2. Nincs szalvéta az asztalon. → ....
3. Kicsit hideg van. → ....
4. Szerintem nincs fűtés. → ....
5. A leves nagyon finom. → ....
6. A pincér legalább hetvenéves. → ....
7. Nincs túl sok desszert. → ....
8. Nem jó a csokitorta, nem elég édes. → ....
9. A borok kicsit drágák. → ....
10. Egy üveg bor 6000 forint. → ....

10. Tegye át a múlt idejű mondatokat jelen időbe!

0. Szép volt az ünnepség. → *Szép az ünnepség.*

1. Régen volt két kutyám. → Most is ....
2. Milyen volt a koncert? → ....
3. Hol voltál? → ....
4. Ügyesek voltak a fiúk. → ....
5. Zolinak nem volt autója. → ....

11. Tegye át a mondatokat jövő időbe!

0. Mikor van a híradó a tévében? → *Mikor lesz a híradó a tévében?*

1. Melyik teremben van a matekóra? → ....
2. Mi az ebéd? → ....
3. Délután senki nincs otthon. → ....
4. Ki a főnök? → ....
5. Van valami dolgod holnap? → ....

12. **Kati nyaralni megy. Tegye át a mondatokat jelen időbe!**

Kati anyukája ezt mondja az út előtt:	És így is lett. Kati a nyaralás alatt azt mondja:
1. Minden rendben lesz.	Valóban ....
2. Szép lesz a szálloda.	Tényleg ....
3. Nem lesz gond a közlekedéssel.	Tényleg ....
4. Jók lesznek a programok.	Igazán ....
5. Nem lesz rossz idő.	Soha ....
6. Lesznek különleges ételek.	Tényleg ....

13. **Egészítse ki a mondatokat a *volt, van, lesz* szavakkal, ha szükséges!**

0. Két napig nem *volt* nyitva a pékség a házunk mellett, de most már nyitva *van*.

1. Az előző lakásom kicsi ...., a mostani lakásom meg sötét ....
2. Tegnap nem .... jó idő. Remélem, hétvégén jó idő ....
3. Régen nagy számítógépem ...., most már csak egy tabletem ....
4. A régi tanárom mindig barátságtalan ...., de az új tanárnő nagyon kedves ....
5. Múlt héten nem .... túl meleg. Most meleg ...., jövő héten viszont nagyon meleg ....
6. Régen egy Toyotám ...., most egy Fiatom ....
7. A régi Toyotám kék ...., most a Fiatom fehér ....
8. A húgom tegnap .... 18 éves, az öcsém pedig holnap .... 14 éves.
9. Reggel nem .... meleg víz a házban, de most már ....
10. A szomszédom tegnap nem .... jól. Ma már szerencsére jól ....

14. **Alkosson mondatokat! Ha szükséges, használja a mondatban a *van* szót!**

0. egy ötlet (én) – *Van egy ötletem.*

1. hatéves, a macskám ....
2. wifi, az étteremben? ....
3. Magyarország, tenger, nincs ....
4. piros, zöld, fehér, a magyar zászló ....
5. a tea, milyen? ....
6. két kutya, a szomszédom ....
7. Peti, diák, még ....
8. fiatal, az új főnökünk, nagyon ....
9. Fanni, testvér, két ....

15. Éhes a kisfiú. Egészítse ki a mondatokat!

Fiú: Mi (0.) az ebéd, anyu?	(a)) Mi b) Mi van
Anya: Krumplileves és sült csirke rizzsel, kisfiam.	
Fiú: Az .... (1.)! A sült csirke .... (2.). De ugye .... (3.) is itthon?	a) jó b) jó van a) van a kedvencem b) a kedvencem a) süti b) van süti
Anya: .... (4.) süti. Ma csak .... (5.). .... (6.) egészséges mindig édességet enni.	a) Nem van b) Nincs a) gyümölcs b) gyümölcs van a) Nem van b) Nem
Fiú: Tudom, de a te sütid .... (7.) a világon!	a) a legfinomabb b) van a legfinomabb
Anya: Jó, jó, de ma .... (8.) süti. .... (9.), és mandarin. Mit kérsz?	a) nem van b) nincs a) Szőlő b) Szőlő van
Fiú: A szőlő biztosan .... (10.), a mandarint meg nem szeretem.	a) savanyú b) savanyú van
Anya: .... (11.) igaz, kisfiam! Ez a szőlő nagyon .... (12.).	a) Nincs b) Nem a) finom van b) finom
Fiú: Anyu, nem sütsz palacsintát?	
Anya: Sajnálom, de ma .... (13.) palacsinta, mert .... (14.) itthon se túró, se kakaó, csak lekvár.	a) nincs lesz b) nem lesz a) nem van b) nincs
Fiú: Nem baj, a lekváros palacsinta is .... (15.)! Vagy lemegyek, és veszek túrót. Még nyitva .... (16.) a bolt.	a) van finom b) finom a) nincs b) van
Anya: Várj csak! Mennyi házi feladatod .... (17.) még holnapra?	a) vagy b) van
Fiú: Holnap csak öt órám .... (18.), és már minden házimmal kész .... (19.).	a) leszek b) lesz a) vagyok b) van
Anya: Na jó, menj, hozzál túrót és kakaót!	

16. **Fejezze be a mondatokat!**

0. Nem egészséges *sok cukrot enni.*

1. Fontos mindennap ……………………………………
2. Nagyon nehéz ……………………………………
3. Nem jó ötlet ……………………………………
4. Nagyon unalmas ……………………………………
5. A legjobb érzés ……………………………………

17. **Mutassa be a lakását!**

……………………………………
……………………………………
……………………………………
……………………………………
……………………………………
……………………………………
……………………………………

18. **Mutassa be a városát, ahonnan jön!**

……………………………………
……………………………………
……………………………………
……………………………………
……………………………………
……………………………………
……………………………………

12. MILYEN? HOGY(AN)? MELYIK?

A magyarban a *milyen?* kérdőszóval nemcsak melléknevekre, hanem főnevekre is kérdezhetünk. A *hogy(an)?* kérdőszóval feltett kérdéseknél a melléknév és a határozószó különbsége okozhat gondot.

The question-word *milyen?* is used not only when we we ask about adjectives but also about nouns. Mind the difference between adjectives and adverbs when you use the question-word *hogy(an)?*.

MILYEN? ¦ WHAT ... LIKE?

1. Milyen a leves? – Nagyon finom.
   What's the soup like? – It tastes great.
   Milyenek a magyarok? – A magyarok nagyon kedvesek. A magyar emberek nagyon kedvesek.
   What are Hungarians like? Hungarians are very kind. Hungarian people are very kind.
2. Milyen levest kérsz? – Paradicsomlevest. (Válaszként a kérdezett dolog nevét várjuk.)
   What soup would you like? – Tomato soup. (As an answer the name of the given thing is expected.)

- Milyen az idő? – Meleg van, süt a nap.
  What's the weather like? – It's hot. The sun is shining.
- Milyen színű most a hajad? – Vörös.
  What colour is your hair now? – Red.
- Milyen (márkájú) tévéd van? – Samsung. (*milyen* + ...-ú/-ű: milyen színű, ízű, méretű, márkájú stb.)
  What make is your tv? – Samsung. (*milyen* + ...-ú/-ű: what+noun, what colour, what taste, what size, what make etc)
- Milyen gyakran jársz edzésre? – Hetente egyszer.
  How often do you go to training? Once a week.
- Milyen drága ez a lakás? (Mennyire?)
  How expensive is this flat? (How much?)
- Milyen nagy ez a lakás? (Mekkora?)
  How big is this flat? (What size?)

HOGY(AN)? ¦ HOW?

- Hogy vagy? (Hogy érzed magad?) – Köszönöm, jól.
  How are you? (How are you feeling?) – Thanks, I'm all right.
- Hogy(an) szoktál futni? – Először lassan, aztán egyre gyorsabban.
  How do you usually run? – First slowly, then faster and faster.
- Hogy(an) jöttél? – Busszal. (Mivel?)
  How did you come here? – By bus. (By what means of transport?)

FIGYELEM! – N.B.

milyen? – hogy(an)? what is it like? (Adjective) — how? (Adverb)
Csilla *szép* lány, és nagyon *szépen* táncol. Csilla is a beautiful girl and dances very beautifully.

MILYEN?	HOGYAN?
gyors, gyorsabb, a leggyorsabb fast, faster, the fastest	gyorsan, gyorsabban, a leggyorsabban fast, faster, fastest
ügyes, ügyesebb, a legügyesebb smart, smarter, the smartest	ügyesen, ügyesebben, a legügyesebben smartly, more smartly, most smartly
jó, jobb, a legjobb good, better, the best	jól, jobban, a legjobban well, better, best
rossz, rosszabb, a legrosszabb bad, worse, the worst	rosszul, rosszabbul, a legrosszabbul badly, worse, worst
kis/kicsi, kisebb, a legkisebb small, smaller, the smallest	

MELYIK? ¦ WHICH (ONE)

melyik? (ez vagy az?) which (one) (this or that?)

- Van citrom-, narancs- és csokitorta. Melyiket kéred?
  There are lemon, orange and chocolate cakes. Which (one) would you like?
- A csokitortát. (megnevezés)
  The chocolate (one). (naming it)
- Ezt kérem! (ezt, azt, ezeket, azokat)
  I would like this one! (this, that, these, those)
- A legnagyobbat. Nem, inkább a legédesebbet. (jellemzés)
  The biggest one. No, the sweetest one instead. (quality)

1. Magyarország-kvíz

1. *Milyen magas* Magyarország legmagasabb hegycsúcsa, a Kékes?
   a) 2036 méter b) 1014 méter c) 560 méter
2. *Melyik* Közép-Európa legnagyobb *tava?*
   a) a Balaton b) a Fertő tó c) a Tisza-tó
3. *Milyen színű* a magyar zászló?
   a) piros-fehér b) piros-fehér-zöld c) piros-fehér-kék
4. *Milyen mély* a Duna Budapestnél?
   a) 2 méter b) 3–10 méter c) 30–50 méter
5. *Melyik országban* laknak többen, Magyarországon vagy Ausztriában?
   a) Magyarországon b) Ausztriában c) körülbelül ugyanannyian
6. *Melyik városról* kapta a nevét a forint?
   a) Firenze b) Forli c) Torino
7. *Milyen színű* Budapesten a villamos?
   a) kék b) sárga c) piros
8. *Milyen Nobel-díjat* kapott Kertész Imre 2002-ben?
   a) irodalmi b) matematikai c) orvosi
9. *Melyik* magyarországi *városban* látható a legnagyobb dzsámi (török templom)?
   a) Budapest b) Eger c) Pécs
10. *Melyik volt* az első kőhíd Budapesten?
    a) az Erzsébet híd b) a Lánchíd c) a Szabadság híd
11. *Melyik* a legnagyobb *templom* Magyarországon?
    a) az esztergomi bazilika b) a szegedi dóm c) a budapesti Szent István-bazilika
12. *Melyik film* nem kapott Oscar-díjat?
    a) a Mephisto b) a Kontroll c) a Saul fia
13. *Melyik* nem magyar *találmány?*
    a) a golyóstoll b) a fényképezőgép c) a gyufa

13+1. *Hogyan nevezték* Széchenyi Istvánt?
    a) a legjobb magyar b) a leggazdagabb magyar c) a legnagyobb magyar

MINISZÓTÁR

dzsámi: congregational mosque
hegycsúcs: mountain peak
kapja a nevét (valamiről): gets its name (from something)
kőhíd: stone bridge
Közép-Európa: Central Europe
mély: deep
Nobel-díj: Nobel Prize
találmány: invention
tó: lake

2. **Melyik a helyes?**

0. Hogy(an) / Milyen aludtál? – Nem túl jól, kétszer is felébredtem.
1. Hogy(an) / Milyen volt az éjszakád? – Nem túl jó, nagyon meleg volt a lakásban.
2. Hogy(an) / Milyen meccsre mentél? – A magyar–németre.
3. Hogy(an) / Milyen volt a meccs? – Nagyon izgalmas volt.
4. Hogy(an) / Milyen mentél a meccsre? – Metróval.
5 Hogy(an) / Milyen levest kérsz? – Krumplilevest.
6. Hogy(an) / Milyen a leves? – Nagyon finom, nagyon ízlik.
7. Hogy(an) / Milyen kéred a kávét? – Egy cukorral.

3. **A tánciskola. *Hogy(an)* vagy *milyen?* Egészítse ki a mondatokat!**

0. Nem tudom, hogy(an) találom meg a tánciskolát.
1. Nem tudom, ... emberek lesznek ott.
2. Nem tudom, ... fogom érezni magam.
3. Nem tudom, ... ruhában menjek.
4. Nem tudom, ... lesz a tánctanár.
5. Nem tudom, ... hosszú egy alkalom.
6. Nem tudom, ... jövök majd haza.
7. Nem tudom, ... nyelven tudunk majd beszélgetni.

4. **Melyik a helyes?**

0. Milyen tortát kérsz? – Csokitortát.
   a) Milyen b) Melyik c) Hogy(an)
1. .... tortát kéred? – Azt a csokitortát szeretném.
   a) Milyen b) Melyik c) Hogy(an)
2. .... kéred a kávét? – Két cukorral, kevés tejjel.
   a) Milyen b) Melyik c) Hogy(an)
3. .... cipőt keresel? – Kényelmeset.
   a) Milyen b) Melyik c) Hogy(an)
4. .... cipő tetszik neked? – Ez a sportcipő jól néz ki.
   a) Milyen b) Melyik c) Hogy(an)
5. .... vagy? – Nem túl jól. Fáj a fejem.
   a) Milyen b) Melyik c) Hogy
6. .... volt a hétvégi kirándulás? – Nagyon fárasztó.
   a) Milyen b) Melyik c) Hogy(an)
7. .... voltak a desszertek az esküvőn? – Nagyon finomak.
   a) Milyen b) Milyenek c) Melyik
8. .... autókat vezettél már? – BMW-t, Renault-t és Toyotát.
   a) Milyen b) Milyenek c) Melyik
9. Mondd, ... az új szomszédok? – Teljesen normálisak.
   a) milyen b) milyenek c) hogy(an)

5. ***Hogy(an), milyen*** **vagy** ***melyik?*** **Írja be a megfelelő kérdőszót!**

0. Milyen nap van ma? – Hétfő.

1. .... volt a koncert? – Fantasztikus volt!
2. .... telt a hétvégéd? – Jól.
3. .... szendvics ízlett a legjobban? – A sajtos.
4. .... volt az első munkanapod? – Nagyon fárasztó.
5. .... tollat kéred? – Azt a pirosat.
6. .... érzed magad? – Jól, köszönöm.

6. **A turista kérdez. Alkosson mondatokat! Ügyeljen a végződésekre!**

0. hogy(an), a szálloda, megtalál? – Hogy(an) találom meg a szállodát?

1. milyen, kell, vesz, jegy, a metró?
   ....
2. milyen, autó, bérel, lehet?
   ....
3. hogy(an), autó, bérel, lehet?
   ....
4. milyen, a buszjegy, színű?
   ....
5. milyen, taxi, hív, érdemes?
   ....
6. milyenek, ételek, a magyar?
   ....
7. melyik, csípős, nem, étel?
   ....

7. **Triatlon. Kérdezzen az aláhúzott mondatrészekre!**

0. Milyen versenyen voltál tegnap? – Triatlonversenyen.

1. .... – Fantasztikus volt!
2. .... – Hűvös volt az idő.
3. .... – A leghosszabb távot választottam.
4. .... – A legnehezebb rész az úszás volt.
5. .... – Jó volt a szervezés.
6. .... – Már jól érzem magam, elégedett vagyok.

8. **Milyen magyarul tanulni? Melyik a helyes?**

0. A magyar nyelv nem könnyű / könnyen.

1. A magyarok gyors / gyorsan beszélnek.
2. A szavakat is lassú / lassan tanulom.
3. Kevés a nemzetközi szó, és nehéz / nehezen a kiejtés is.
4. Nagyon szép / szépen a nyelv hangzása.
5. Érdekes / Érdekesen a nyelvtan is.

9. Mit mondanak a külföldiek? Egészítse ki a mondatokat!

0. A „pillangó" *szép* szó, *szépen* hangzik.

1. .... (nehéz) értem, amit mondasz.
2. Bocsánat, ... (rossz) hallottam, amit mondtál.
3. Nem hallottam .... (jó), amit kérdeztél.
4. Most már .... (jobb) beszélek, mint amikor Magyarországra jöttem.
5. Ez egy .... (nehéz) szó.
6. Megismételnéd, csak egy kicsit .... (lassabb)?
7. Légy szíves, beszélj kicsit .... (hangosabb)!
8. Leírnád nekem ezt a szót .... (helyes)?
9. Mit jelent ez a szó .... (pontos)?
10. Hogy mondom magyarul .... (szebb) azt, hogy „kaja"?
11. Légy szíves, beszélj kicsit .... (lassabb)!
12. Köszönöm .... (szép)!

10. Írja be a végződéseket úgy, hogy többes számú mondatokat kapjon!

0. A magyar férfi*ak* jóképű*ek*.

1. A francia.................. bor.................. finom.................. .
2. A magyar.................. mindig jókedvű.................. .
3. Ez............... a kutya............... nagyon barátságos.................. .
4. Milyen.................. a holland.................. sajt..................?
5. Az olasz.................. fiú.................. nagyon hangos.................. .
6. A japán............... lány............... mindig csendes.................. .
7. A modern.................. bútor.................. praktikus.................. .
8. A régi.................. bútor.................. szép.................. .
9. Nagyon szeretem az ilyen.................. hangulatos.................. kávézó.................. .

11. A tengeren. Írja be a szükséges végződéseket úgy, hogy többes számú mondatokat kapjon!

Ádám: Hallom, idén nyáron hajóval mentetek Barcelonába. Milyen volt? Milyen*ek* voltak a kabin*ok*? (0.)

Éva: A kabin............... elég kicsi............... voltak. Voltak persze nagyobb............... kabin............... is, de azok a kabin............... nagyon drága............... voltak. (1.)

Ádám: És milyen............... voltak az utas...............? (2.)

Éva: Az utas............... főleg idős............... házaspár............... voltak. (3.)

Ádám: Milyen............... voltak az étel............... és az ital...............? (4.)

Éva: Az étel............... mindig friss............... voltak. Nekem a különleges............... rák............... és gyümölcs............... ízlettek a legjobban. (5.)

Ádám: És a program............... jó............... voltak? (6.)

Éva: A program............... érdekes............... voltak. Nekem a zenés............... program............... tetszettek a legjobban. (7.)

12. Alakítsa át az egyes számú mondatokat többes számúvá, és fordítva!

0. Szép ez a piros pulóver. – *Szépek ezek a piros pulóverek.*

1. .... – Az új dán filmek elég érdekesek.
2. Az olasz tészta a legfinomabb a világon. – ....
....
3. .... – A svájci órák a legpontosabbak.
4. .... – Unalmasak ezek a cikkek.
5. .... – Túl kicsik ezek a székek.
6. Milyen szendvics az? – ....

13. Timi ma kezdett az új munkahelyén. Melyik szó hiányzik a mondatokból? Egészítse ki a beszélgetést!

Dóri: Szia! *Hogy* (0.) vagy?	(a)) Hogy b) Milyen c) Melyik
Timi: Szia! Egy kicsit .... (1.), de .... (2.), köszi.	a) fáradt b) fáradtak c) fáradtan a) jó b) jók c) jól
Dóri: És .... (3.) volt az első napod? .... (4.) ment a munka?	a) hogy b) milyen c) melyik a) Hogy b) Milyen c) Melyik
Timi: .... (5.) volt. Még kicsit .... (6.) vagyok. Sok mindent elég .... (7.) találok meg. De menni fog, ... (8.) vagyok benne!	a) Nehéz b) Nehezek c) Nehezen a) lassan b) lassú c) lassúak a) lassan b) lassú c) lassúak a) biztos b) biztosak c) biztosan
Dóri: .... (9.) a főnököd?	a) Hogy b) Hogy van c) Milyen
Timi: Nagyon .... (10.) volt velem. Csak kicsit .... (11.) beszél, néha .... (12.) értem.	a) türelmes b) türelmesek c) türelmesen a) halk b) halkak c) halkan a) nehéz b) nehezek c) nehezen
Dóri: .... (13.) nyelven beszélsz vele?	a) Hogy b) Melyik c) Milyen
Timi: Angolul.	
Dóri: De ő nem német?	
Timi: De, de a .... (14.) kollégákkal is angolul beszélünk.	a) német b) németek c) németül
Dóri: És .... (15.) tetszik az irodád?	a) hogy b) melyik c) milyen
Timi: Tetszik. A falak még .... (16.), de majd viszek be képeket.	a) üres b) üresek c) üresen

13. KIS, KICSI, KICSIT, NAGYON, SOK, SOKAT, SOKAN, KEVESEN

Gyakran okoz gondot a *nagyon* és a *sokat* használata. A *kis* és a *kicsi* megkülönböztetése szintén nehéz, ráadásul a köznyelv is keveri. Sokszor használjuk az *egy kis, egy kicsit* formákat is.

The difference between *nagyon* and *sokat* causes much headache for learners of Hungarian, and the same can be said about *kis* and *kicsi* all the more because they are usually exchanged in standard Hungarian as well. The forms *egy kis and egy kicsit* are also frequently used.

KIS – EGY KIS ¦ LITTLE – A LITTLE

1. Kis időt töltöttem együtt a barátnőmmel. (rövid időt)
   I spent little time together with my girlfriend.
2. Kérhetnék egy kis sót? (kevés mennyiség valamiből)
   Could you give me a little salt, please? (a small amount of something)

KICSI ¦ SMALL

1 Ez a ház már túl kicsi nekünk, nem férünk el. (méretet fejez ki: csekély kiterjedésű, nagyságú)
   This house is too small for us, it has no room for all of us. (it is used to express dimension, of little extension, small size)
2. Kicsi feleségem! (becézés, kedveskedés)
   My sweet, little wife! (endearment)

FIGYELEM! – N.B.

Bár jelentésbeli különbség van a *kis* és a *kicsi* szavak között, a köznyelv gyakran felcseréli őket.
Although there is a difference in their meaning, *kis* and *kicsi* are usually exchanged in standard Hungarian.

1. Állítmányként csak a *kicsi* állhat.
   As a predicate only the form *kicsi* is correct
   - Ez a kert nagyon kicsi. = Ez egy kis kert.
     This garden is very small. = It's a small garden.
2. A két szó *(kis, kicsi)* melléknévfokozásban használt középfoka és felsőfoka megegyezik: *kisebb, a legkisebb*.
   The comparative and the superlative of both *kis* and *kicsi*: kisebb, a legkisebb.
3. Szóösszetételekben a *kis* használatos: *kisujj, kisgyerek, kisfiú* stb.
   Only *kis* is used in compound nouns: *kisujj, kisgyerek, kisfiú* (little finger, little child, little boy etc.).

NAGYON – EGY KICSIT, EGY KEVESET ¦ VERY (MUCH) – A LITTLE

1. Valaminek a nagy vagy kis mértékét fejezi ki.
   It expresses the small or large extent of something.
   - Nagyon fáradt vagyok. I'm very tired.
   - Egy kicsit beszélek magyarul. I can speak Hungarian only a little.
2. Az *egy kis* nem használható tárgyraggal, ha csak magában áll. Amennyiben mennyiségre utalunk, átveszi a helyét az *egy kicsit* vagy az *egy keveset*.
   Egy kis cannot be used with the accusative suffix *-t* if it is not followed by a noun, if we refer to quantity *egy kicsit* or egy *keveset* must be used.
   - Kérsz egy kis kávét? – Igen, de csak egy kicsit / egy keveset.
     Would you like a little coffee? – Yes, please, but only a little.

SOK – SOKAT, KEVÉS – KEVESET ¦ MUCH, MANY – MUCH, MANY accusative case – LITTLE, FEW – LITTLE, FEW accusative case)

Valaminek nagy vagy kis mennyiségét, mértékét fejezi ki.
It expresses the small or large quantity or extent of something.
- Sok/Kevés cukrot kérek a kávéba. I would like much / little sugar in my coffee.
- Nincs sok időm. / Kevés időm van. I don't have much time. / I've got little time.

FIGYELEM! – N.B.

1. A magyarban a *sok* és *kevés* szavak használatánál nem fontos, hogy a főnév megszámlálható vagy megszámlálhatatlan.
   In Hungarian it is irrelevant whether a noun is countable or uncountable when we say *sok* (much, many) or *kevés* (little, few)
   - sok idő, sok autó, kevés fantázia, kevés ember
     much time, many cars, little fantasy, few people
2. Ha egy tevékenységgel kapcsolatban használjuk, akkor a *sokat/keveset* szó a megfelelő.
   When we use it in connection with an activity we use *sokat/keveset*.
   - Sokat dolgozom, keveset pihenek. I work much, I relax little.
3. A *sok* fokozása rendhagyó: *sok – több – legtöbb*.
   much, many – more – most (irregular comparitive forms)
4. Nagy különbségek összehasonlításánál használhatjuk a *sokkal* szót, amely ilyenkor a fokozott melléknév előtt áll.
   When we express a great difference we use the word *sokkal*, which precedes the comparative form of the adjective.
   - Ma már sokkal melegebb van, mint tegnap volt. Today it's much hotter than it was yesterday.

NAGYON – SOKAT ¦ VERY (MUCH) – MUCH / MANY

Gyakori hiba a *nagyon* és a *sokat* összekeverése. Könnyen megkülönböztethetjük őket, ha szem előtt tartjuk az alábbiakat.
It is a common mistake to mix up *nagyon* and *sokat*. It is easy to see the difference between the two if we just look at the following sentences:

1. A *sokat* nem állhat jelzőként. Rövid válaszként mennyiséget fejez ki.
   Sokat cannot be used as an adjective, and as a short answer it expresses quantity.
   - Mennyi sütit kérsz? – Sok sütit. = Sokat. / Nagyon sok sütit. = Nagyon sokat.
     How much cake would you like? – A lot of cake. = A lot. / A real lot of cake. = A real lot.
2. A *sokat* valaminek a nagy mértékét is jelentheti.
   It can express the great extent of something
   - Mennyit tanultál? – Sokat tanultam. How much did you learn? – I learnt a lot.
3. A *nagyon* és a *sokat* együtt is állhat egy mondatban, de nem felcserélhetők.
   These two words can be used together in one sentence, but only in this order.
   - Nagyon sokat tanultam. I learnt a real lot.
4. A *nagyon* önmagában nem fejez ki mértéket vagy mennyiséget; szüksége van a mondatban egy állítmányra vagy jelzőre, amely elé odatehető.
   Nagyon itself cannot express extent or quantity, it must be followed by a predicate in the sentence
   - Nagyon szeretlek! I love you very much!
   - Nagyon szép a szemed! Your eyes are very nice.
   - Rövid válaszként: Szeretsz? – Igen, nagyon. As a short answer: Do you love me? – Yes, very much.

SOKAN – KEVESEN ¦ A LOT OF / A FEW PEOPLE

sokan = sok ember; kevesen = kevés ember
sokan = a lot of / many people, kevesen = a few / few people

A *sokan* és a *kevesen* formákat többes szám követi.
The forms *sokan* and *kevesen* are followed by plurals.

- Sokan utaznak nyáron a tengerpartra.
  Many (people) travel to the seaside in the summer.
- Kevesen szeretik a hideg, szeles időjárást.
  Few people like cold and windy weather.

BESZÉLGETÉS EGY MILLIÁRDOSSAL

Riporter: Uram, az ön személyéről nagyon *keveset* lehet *tudni.* Azt *sokan tudják,* hogy a cégei mivel foglalkoznak. Azt is *sok újság* megírta, hogy milyen *sokat dolgozik.* Tudjuk azt is, hogy nagyon *sok pénzt* ajánl fel karitatív célokra, *sokkal többet,* mint más milliárdosok. Mi most *egy kicsit* a múltjáról kérdeznénk, arról, hogy miért az a kedvenc mottója, hogy *sok kicsi sokra megy,* illetve hogy hogyan szerezte az első millióját.

Milliárdos: Ó, igen, az első lépések! Nos, még *kisgyerek* voltam, csak tízéves, és nagyon *kevés pénzünk* volt. A szüleim *sokat dolgoztak,* de mivel a *kishúgom* nagyon *beteg* volt, *sok pénzt* költöttünk gyógyszerekre. A *lakásunk* is nagyon *kicsi* volt, ez volt *a legkisebb lakás* az egész házban. Egy nap gondoltam egyet, és vettem a piacon egy almát tíz centért, majd eladtam *egy kicsit* drágábban, tizenkét centért. A második napon is vettem egy almát, és azt is eladtam. Az ötödik napon már kettőt tudtam venni. Azután a hatodik napon jött a hír, hogy meghalt egy távoli nagybátyám, akitől nagyon *sok pénzt* örököltünk: kétmillió dollárt.

MINISZÓTÁR

az első lépések: the first steps
hír: news
költ (pénzt valamire): spend (money on something)
meghal: die
örököl: inherit
szerez: obtain
távoli: distant

1. **Válaszoljon a kérdésekre a szöveg alapján!**

1. Hány testvére volt a milliárdosnak? ....
....
2. Miért volt kevés pénze a családnak? ....
....
3. Hány centet keresett az első alma eladásakor? ....
....
4. Hány almát vett összesen a milliárdos öt nap alatt? ....
....

2. ***Kis* vagy *kicsi?* Egészítse ki a mondatokat!**

0. Van egy *kis* problémám.

1. Nem veszem meg ezt a cipőt, sajnos ....
2. Kérsz még egy .... csirkecombot?
3. Tetszik ez a lakás, csak az erkélye ....
4. Katiék most nem mennek külföldre nyaralni, nagyon .... még a gyerekük.
5. Tetszik ez a ruha, de sajnos nem az én méretem, túl ....
6. Van még egy .... időm, gyorsan iszom egy .... teát.

3. ***Kis, kicsi* vagy *kicsit?* Egészítse ki a mondatokat!**

0. Tudsz egy *kicsit* segíteni? Van egy *kis* gondom ezzel a mondattal.

1. Kérhetek egy .... szünetet? Szeretnék pihenni egy ....
2. Vissza tudsz jönni egy .... később? Még van egy .... munkám.
3. Szomjas vagyok. Kérhetek még egy .... teát?
4. Mennyi teát kérsz? – Csak egy ...., köszönöm!
5. Ráérsz egy ....? Nem értem ezt a feladatot.
6. Bevettem egy gyógyszert, most már .... jobban vagyok.

4. **Melyik szó helyes az alábbi mondatokban: *nagyon* vagy *sokat?***

0. (Nagyon) / Sokat szeretem a csokit.

1. Nagyon / Sokat dolgozol mostanában?
2. Nagyon / Sokat álmos vagyok. Túl nagyon / sokat tanultam éjszaka.
3. Futottál húsz kilométert? Mindig ilyen nagyon / sokat futsz?
4. Nagyon / Sokat tetszik nekem ez a táska, csak az a baj, hogy nagyon / sokat drága.
5. Mi baja van Ferinek? Nagyon / Sokat rosszul néz ki.
6. Ferinek nincs semmi baja, csak tegnap túl nagyon / sokat ivott.

5. ***Sok, sokat, sokan, kevesen, kevés*** **vagy *keveset?* Egészítse ki a mondatokat!**

0. Ma nagyon *sok* a munkám, *keveset* fogok aludni.

1. Sajnos .... időm van tanulni, mert nagyon .... dolgozom.
2. Ő itt a legnagyobb tudású professzor, nagyon .... tud a témáról. .... ilyen emberrel találkoztam.
3. Németből sajnos .... felejtettem, mert .... használom mostanában.
4. .... azt hiszik, hogy ha .... esznek, akkor le tudnak fogyni.
5. Csak .... tudják, hogy ő milyen .... dolgozik.

6. **Keresse meg a párokat!**

0. *Azt hiszem, idén többet járok majd*	a) csokit.
1. Nagyon szeretem mind a két	b) énekelni akarok.
2. Ha túl sok alkoholt iszom,	c) internetezni.
3. Nagyon szeretnék egy kis	d) a konyha.
4. Kevés olyan embert ismerek, aki	e) *korcsolyázni.*
5. Hétvégén mindig sokat szoktam	f) nagyon jól beszél franciául.
6. Az új lakásunkban elég kicsi	g) testvéremet.

0.	1.	2.	3.	4.	5.	6.
e						

7. **Egy kis biológia. Válassza ki a megfelelő szót!**

~~legnagyobb~~ ▪ kisebb ▪ kisebb ▪ legtöbb ▪ sokkal több ▪ kicsi ▪ legkisebb ▪ a legnagyobb ▪ nagyobb

0. Úgy tudom, a kék bálna a *legnagyobb* állat a Földön.

1. Az elefánt is nagy állat, de ...., mint a kék bálna.
2. Az oroszlán a .... macska.
3. A leopárd ...., mint az oroszlán, de ...., mint egy házimacska.
4. A hangya nagyon ...., de nem a .... állat.
5. Afrikában .... zebra él, mint Európában.
6. A .... elefánt Indiában és Afrikában él.
7. A magyar vizsla .... , mint a puli.
8. A komondor .... magyar kutyafajta.

8. **Egy kis földrajz. Válaszoljon teljes mondattal a kérdésekre! Használja a *mint* kötőszót, ha szükséges!**

0. Hol él több ember: Európában vagy Afrikában?
   Szerintem Afrikában több ember él, mint Európában.
1. Melyik a nagyobb ország: Oroszország vagy Kína?
   Szerintem ……………………………………………………………………
2. Melyik országban él a legtöbb ember?
   Szerintem ……………………………………………………………………
3. Melyik a világ legnagyobb városa?
   Szerintem ……………………………………………………………………
4. Melyik a kisebb főváros: London vagy Washington?
   Szerintem ……………………………………………………………………
5. Hol él több ember: Ázsiában vagy Európában?
   Szerintem ……………………………………………………………………

9. **Vasárnapi ebéd a nagymamánál. Írja be a mondatokba a megfelelő szót!**

~~kis~~ ▪ többet ▪ többet ▪ sok ▪ keveset ▪ sokat ▪ kisebb ▪ legkisebbet ▪ kevés

Nagymama: Kérsz még egy *kis* (0.) levest?
Peti: Nem, köszönöm, nem kérek ………………… (1.). Elég volt.
Nagymama: Olyan ………………… (2.) ettél! Vegyél még húst! Ez itt egy ………………… (3.) szelet, tessék!
Zsuzsi: Köszönöm, de inkább azt kérem, azt a ………………… (4.).
Nagymama: Egyetek még krumplit is, nagyon ………………… (5.) van még!
Kati: Én még szívesen eszem, a héten úgysem ettem ………………… (6.).
Nagymama: Szegény kicsikéim! Tudom, olyan ………………… (7.) időtök van, hogy nem tudtok rendesen enni.
Peti: Nagyon fáj a hasunk, már nem tudunk ………………… (8.) enni.

10. **Alkosson mondatokat!**

0. ötletem, nagyon, van, jó, egy – *Van egy nagyon jó ötletem.*
1. Debrecen, Párizs, nagyobb, mint, sokkal
   ……………………………………………………………………
2. kicsi, szobánk, a szállodában, volt, nagyon
   ……………………………………………………………………
3. Ausztria, Magyarország, kisebb, mint, nem sokkal
   ……………………………………………………………………
4. Anna, könyvet, vesz, sok, sokat, olvas, mert
   ……………………………………………………………………

5. probléma, kis, egy, ez, csak

....

6. fiam, kicsi, nagyon, a, még

....

11. Kérdezzen az aláhúzott mondatrészre!

0. Sok idő még, amíg hazaérünk. – *Mennyi* idő még, amíg hazaértek?

1. Andriska nagyon fáradt, Évike csak egy kicsit.

....

2. Már csak kevés benzin van a tankban.

....

3. Két autónk van, egy Ford és egy Opel.

....

4. Az Opel a kisebb.

....

5. Mostanában sokat autózunk.

....

14. VALAMI, AKÁRMI, BÁRMI, MINDEN, SEMMI

	VALA- SOME-	BÁR- / AKÁR- ANY-	MINDEN- EVERY-	SE- (+ NEM / SEM) NO-
ki who	valaki	bárki/akárki	mindenki	senki
mi what	valami	bármi/akármi	minden (!)	semmi
kit whom	valakit	bárkit/akárkit	mindenkit	senkit
mit what	valamit	bármit/akármit	mindent	semmit
kivel with who	valakivel	bárkivel/akárkivel	mindenkivel	senkivel
mivel with what	valamivel	bármivel/akármivel	mindennel	semmivel
kinek for who	valakinek	bárkinek/akárkinek	mindenkinek	senkinek
minek what for	valaminek	bárminek/ akárminek	mindennek	semminek
mikor when	valamikor	bármikor/akármikor	mindig (!)	semmikor/soha (+ nem/sem) (!)
honnan from where	valahonnan	bárhonnan/ akárhonnan	mindenhonnan	sehonnan
hol where	valahol	bárhol/akárhol	mindenhol	sehol
hová* where to	valahová	bárhová/akárhová	mindenhová	sehová
hogy(an) how	valahogy(an)	bárhogy(an)/ akárhogy(an)	mindenhogy(an)	sehogy(an)

* Sokan a *hova, valahova, bárhova/akárhova, mindenhova, sehova* alakot használják.
Hova, valahova, bárhova/akárhova, mindenhova, sehova forms are also widely used.

FIGYELEM! – N.B.

1. A *semmi(t), senki(t)* stb. szavak rövid válaszként használhatók önmagukban. Ha mondatban állnak, akkor hozzá kell tenni a *nem/sem* szavakat.
   The words *semmi(t)* (nothing) *senki(t)* (nobody) can be used as short answers. When they are in a sentence the words nem/sem (not) must be added.
   - Mit kérsz? – Semmit. What would you like? – Nothing.
   - Semmit sem kérek. I wouldn't like anything.
   - Senkit nem ismerek. I don't know anybody.
2. A *mikor?* kérdésre válaszoló formák, a *mindenkor* és *semmikor* helyett inkább a *mindig* és a *soha (nem/sem)* szavak használatosak.
   When answering the question *mikor?* use *mindig* and *soha (nem/sem)* (always and never) are used instead of *mindenkor* and *semmikor*.
   - Mikor jössz el velem futni? – Soha. When will you come with me to run? – Never.

ELADÓ HÁZ

Károly bácsi: Meghirdettem a házat a helyi újságban, azt *mindenki* olvassa.

Marika néni: Nem olvassa azt *senki sem*. Nem kell ez a ház *senkinek sem*. *Bárhogy* próbálkozol, Károly, *senki sem* fogja megvenni.

Károly bácsi: Honnan tudod? Talán *valaki*, aki régen itt élt, és szívesen visszajönne. *Semmi sem* lehetetlen.

Marika néni: Persze, *semmi!* De szerinted miért kellene *bárkinek* is egy ilyen nagy, emeletes ház? *Senki sem* akar egy ekkora házat takarítani.

Károly bácsi: Marikám, *valahogy* mi is megoldunk itt mindent. És *akárki* jön hozzánk, a nagy teraszunk *mindenkinek* tetszik. Biztosan lesz *valaki*, akinek a csend és a nyugalom a legfontosabb.

Marika néni: Hát, azt itt megkaphatja! Itt *mindentől* olyan messze vagyunk, hogy soha nem jár erre *senki*.

Károly bácsi: Nincs igazad, Marikám! A mai fiatalok szeretik a természetet, *senki sem* akar zajban és szmogban élni.

Marika néni: De Károly, a mi házunkat ki fogja megvenni?

Károly bácsi: Nem mindegy? *Bárki*. Csak jöjjön már *valaki!*

MINISZÓTÁR

csend: silence
helyi: local
meghirdet: advertise
megkap: get, receive
megold: sort out
megvesz: buy
Nincs igazad!: You're wrong.
nyugalom: calmness
próbálkozik: try
takarít: clean

1. Igaz vagy hamis?

1. Marika néni azt mondja, hogy senki nem fogja megvenni a házat. IGAZ HAMIS
2. Károly bácsi nagyon reméli, hogy valaki megveszi a házat. IGAZ HAMIS
3. Marika néni szerint mindenkinek öröm egy ilyen házat takarítani. IGAZ HAMIS
4. Károly bácsi szerint a fiatalok szívesen laknak a városban. IGAZ HAMIS

2. Egészítse ki a táblázatot!

VALA-	BÁR- / AKÁR-	MINDEN-	SE- (+NEM / SEM)
valahová	bárhová/akárhová		
	bárhogy(an)/akárhogy(an)		
		mindig	soha
		–	semmilyen
			senki
		minden	semmi
			senkivel

3. Ilyenek az anyukák. Melyik a helyes?

0. Anyukám szeret engem a legjobban. Ha bármi / bárhová / bárki gondom van, ő segít.

1. Bárki / Bármi / Bármikor felhívhatom, éjjel kettőkor is.
2. Akármit / Akárkit / Akárhová mesélek neki, meghallgatja.
3. Ha kérem, bármikor / bármit / bárhol eljön hozzám.
4. Akármit / Akárkit / Akárhol kérek, segít nekem.
5. Bármit / Bármennyi / Bárki dolga is van, rám mindig jut ideje.
6. Az anyukámat nem cserélném el senki / senkit / senkiért.
7. Ha semmikor / valamikor / soha anyuka leszek, olyan szeretnék lenni, mint ő.

4. Melyik a helyes?

0. Jön valaki / akárki velem a boltba?

1. Tegnap senkivel / valakivel nem találkoztam.
2. Nem tudom, hol van a szemüvegem. Sehol / Bárhol lehet.
3. Olyan ismerős nekem ez a fiú. Már láttam akárhol / valahol.
4. Végre van egy szabad estém. Menjünk el sehová / valahová!
5. Semmit / Bármit kérhetsz, megkapod.
6. Van itt mindenki / valaki? Nem látok senkit / bárkit.
7. Húsvétkor nem mindenhol / bárhol szokás a tojásfestés.
8. Holnap mindenki / senki ne késsen el!
9. Akármit / Mindent csinálok, nem tetszik a főnökömnek.
10. Nem tudom kinyitni a garázsajtót, bárhogyan / mindenhogyan is próbálom.

5. Melyik a helyes?

0. Mondok neked *valamit.*
   (a) valamit b) semmit c) bármit
1. Ildi nagyon barátságos, ... szívesen segít.
   a) senkinek b) valakinek c) mindenkinek
2. Te már .... tudsz az új munkáról?
   a) mindent b) akármit c) semmit
3. Tudsz már .... az új munkáról?
   a) valamit b) mindenkit c) semmit
4. Nem hallottam .... sem Péterről.
   a) valamit b) semmit c) akármit
5. Ez a fotó mindig velem van, ... utazom.
   a) mindenhová b) akárhová c) valahová
6. .... tudja, milyen sokat dolgoztatok.
   a) Bárki b) Senki c) Mindenki
7. Kérdezhetek ....?
   a) valamit b) semmit c) mindent
8. Sajnos .... ez történik, ha nem alszom eleget.
   a) soha b) bármikor c) mindig

6. Írja be a megfelelő szót!

1. ~~valaki~~ ▪ bárki ▪ senki nem ▪ valaki
   Tudna *valaki* (0.) segíteni nekem?
   Segítsen már .... (1.)!
   .... (2.) segíthet.
   .... (3.) tud nekem segíteni?

2. akárhol ▪ sehol sem ▪ valahol
   .... (1.) találom a tollamat.
   .... (2.) itt van, de nem találom.
   Olyan nagy a rendetlenség, hogy .... (3.) lehet.

3. bárhová ▪ sehová ▪ valahová
   - Menjünk el este .... (1.)!
   - .... (2.) mehetünk, ahová szeretnéd.
   - Ma este ne menjünk ...., (3.) fáradt vagyok.

4. valamit ▪ bármit ▪ semmit sem
   - Kérdezhetek .... (1.)?
   - Persze! .... (2.) kérdezhetsz.
   - Az autóbalesetedről is?
   - Nem, arról .... (3.) kérdezhetsz.

7. **Válaszoljon röviden és teljes mondattal is a kérdésekre! Használja a *semmi, senki* stb. formákat!**

0. Mit csináltál ma? – Semmit. / Semmit sem csináltam.

1. Hová mész hétvégén? – ....
2. Kivel találkoztál? – ....
3. Kit láttál? – ....
4. Hol dolgozol? – ....
5. Ki jön ma hozzád? – ....

8. **Írja át a mondatokat úgy, hogy a jelentésük az eredetivel ellentétes legyen! Használja a *minden – semmi* formákat!**

0. Senki nem akar ma moziba menni. – Ma mindenki moziba akar menni.

1. A városban mindenhol jó a kávé. ....
2. Semmit sem láttam. ....
3. Nem tudok semmit sem. ....
4. Egyetértünk mindennel. ....
5. Nekem soha nem sikerül semmi. ....
6. Mindenkinek ajánlom ezt a filmet. ....
7. Neked mindig jó a kedved? ....
8. Semelyik feladatot sem értem. ....
9. Mindenkivel szeretnék találkozni. ....
10. A baleset után mindenhonnan kaptunk segítséget. ....
11. Te mindenkit ismersz itt? ....

9. **Az öreg popsztár. Alkosson mondatokat!**

0. Régen mindenhol felismerték. Most sehol nem ismerik fel.

1. Régen mindenhová taxival ment.
   Most ....
2. Régen mindenhonnan koncertmeghívókat kapott.
   Most ....
3. Régen soha nem kellett fizetnie semmiért sem.
   Most ....
4. Régen sehol nem kellett bemutatkoznia, mert mindenhol ismerték.
   Most ....
5. Régen semmi sem volt drága neki, mindent ki tudott fizetni.
   Most ....
6. Régen úgy érezte, mindent megtehet.
   Most ....
7. Régen mindenkit ismert a popzene világában.
   Most ....

15. ITTHON, OTTHON, HAZA

A magyar anyanyelvűek körében ösztönösen működik a hely megadása beszédhelyzetekben. Beszédünkben pontosan meghatározzuk, hol vagyunk: *itt* vagy *ott, itthon* vagy *otthon.*

Native Hungarian speakers instinctively refer to the place where they are in a given situation: whether they are here or there, at home or away from home at the moment when they are speaking. *(I'm not itthon is a contradiction. If someone is away from home, itthon cannot be used, just otthon.)*

ITTHON – OTTHON ¦ AT HOME

A lakásra, házra, ahol élünk, két szó is van a magyarban: *itthon* és *otthon*. Használata attól függ, hogy a kijelentés pillanatában éppen hol vagyunk.
There are two words in Hungarian referring to the flat or the house where someone lives: *itthon* and *otthon* (at home). Which one to choose depends on where you are when speaking.

1. Az *itthon* a *hol?* kérdésre válaszol, ha a kijelentés pillanatában éppen a lakásunkban tartózkodunk.
   It answers the question *hol?* if you are staying in your flat at the time of the utterance.
   - Halló! Szia! Hol vagy? – Szia! Itthon vagyok, éppen vacsorát készítek.
     Hello! Hi! How are you? – Hi! I'm at home and right now I'm preparing dinner.
2. Az *otthon* a *hol?* kérdésre válaszol, ha a kijelentés pillanatában nem tartózkodunk a lakásunkban.
   It answers the question *hol?* if you are not staying in your flat at the time of the utterance.
   - Most nem vagyok otthon, a buszon ülök. Majd otthonról felhívlak. I'm not at home, I'm sitting on the bus. I'll call you when I arrive home.

HAZA ¦ HOME

A *hová? (hova?)* kérdésre válaszol. Ebben az esetben nem kell két szó közül választanunk, mint az *itthon/otthon* esetében.
It answers the question *hová? (hova?)*, and there are no two words to choose between as in the case of *itthon/otthon*.

- Este hazamegyek. I'll go home in the evening.
- Csak későn jövök haza. I'll arrive home late only.

HÁZ ¦ HOUSE

Gyakori hiba, hogy *hazamegyek* helyett azt mondja a nyelvtanuló: *(vissza)megyek a házba*. It is a common mistake to say *megyek a házba (go into the building)* instead of *hazamegyek (go home)*. The former simply means that you go into / enter a building.

- Az egész házban nincs meleg víz. (csak az épületre vonatkozik)
  There is no hot water in the whole house. (it refers only to the building)

FIGYELEM! – N.B.

Azt, hogy valakinek az otthonában vagyunk, nem a *lakás* vagy *ház* szavakkal fejezzük ki, hanem a *-nál/-nél* raggal. Az irányhármasság másik két tagjánál is ragokat használunk. If you are at / in someone's home you cannot use *lakás/ház* (flat/house) but the suffix *-nál/-nél* (at). Similarly you use suffixes when you want to say from somewhere and to somewhere.

- Ma a nagymamámnál ebédelek. Today I'm having lunch at my grandmother's.
- A nagymamámtól jövök. I'm coming from my grandmother's.
- A nagymamámhoz megyek. I'm going to my grandmother's.

Az *otthon* szó főnév is lehet.
The word *otthon* can be a noun, too.

- Saját otthona van. He/she has his/her own home.

A *haza* igekötőként viselkedik a következő igékkel: *hazamegy, hazajön, hazaér, hazatelefonál*.
The word *haza* acts like an verbal prefix with the following verbs: *hazamegy, hazajön, hazaér, hazatelefonál*.

ÖSSZEFOGLALÁS ¦ SUMMARY

HONNAN?	HOL?	HOVÁ?
itthonról – otthonról, hazulról (jövök, megyek, telefonálok, dolgozom, indulok) from home (come, go, telephone, work, leave)	itthon – otthon (voltam, vagyok, leszek) at home (I was, I am, I will be)	haza (hazamegyek, hazajövök) to home (go home, come home)

KITŐL?		KINÉL?	KIHEZ?
Kitől (jössz)? -tól/-től (Katitól, a nagyszüleimtől) Who are you coming from? (from Kati, from my grandparents)		Kinél (vagy)? -nál/-nél (Gábornál, a szüleidnél) At whose place are you staying? (at Gábor's place, at your parents' place)	Kihez (mész)? -hoz/-hez/-höz (Zsuzsihoz, Petihez, a barátnőmhöz) Who are you going to (visiting)? (to Zsuzsi, to Peti, to my girlfriend)
én	tőlem from my place	nálam in my home	hozzám to my place
te	tőled from your place	nálad in your home	hozzád to your place
ön	öntől from your place	önnél in your home	önhöz to your place
ő	tőle from his/her place	nála in his/her home	hozzá to his/her place
mi	tőlünk from our place	nálunk in our home	hozzánk to our place
ti	tőletek from your place	nálatok in your home	hozzátok to your place
önök	önöktől from your place	önöknél in your home	önökhöz to your place
ők	tőlük from their place	náluk in their home	hozzájuk to their place

Párosítsa a rövid párbeszédeket a címekkel!

~~Az iskolában~~ ▪ Buliban ▪ Szomszédok ▪ Barátok színházba indulnak ▪ Boltban ▪ Kollégák telefonálnak ▪ Osztálytársak csetelnek

1. Az iskolában
   ▪ Nézzük meg a könyvben a házi feladatot!
   • Jaj, *otthon hagytam* a könyvemet!

2. ....
   ▪ Szia! Azért hívlak, mert beteg vagyok. Ma *itthonról* fogok *dolgozni*, ha nem baj.
   • Nem, dehogy. Nem kell *otthon dolgoznod*, pihenj inkább!
   ▪ Nem, nem vagyok olyan rosszul, csak nagyon köhögök. *Itthon* nem zavarok vele senkit.

3. ....
   ▪ Halló! Még mindig *otthon vagy?*
   • Igen, még *itthon vagyok.*
   ▪ Mit csinálsz még *otthon?* Húsz perc múlva kezdődik az előadás. El fogunk késni. Siess!
   • Rendben, megyek!

4. ....
   ▪ Ma *átjössz hozzám* tanulni?
   • Igen, de csak később. Még itt *vannak nálunk* a rokonok.
   ▪ Jó, *nálam* is itt *van* a barátnőm. Akkor majd később beszélünk!

5. ....
   ▪ Szerinted mindent megvettünk?
   • Szerintem igen. Csak nem emlékszem, hogy *van-e otthon* tojás. Vegyünk inkább!

6. ....
   ▪ Sokat táncoltam, elfáradtam. *Menjünk haza!*
   • Ne viccelj, még van időnk! Mit akarsz *otthon* csinálni?
   ▪ Aludni.

7. ....
   ▪ Elnézést a zavarásért! *Önnél van* meleg víz?
   • Nem tudom, még csak két perce *vagyok itthon*. Mindjárt megnézem. Igen, *nálam van.*
   ▪ Érdekes, *nálam nincs*, és a másik *szomszédnál sincs*...

MINISZÓTÁR

elfárad: get tired
Elnézést a zavarásért!: Sorry to disturb you.
inkább: rather
köhög: cough
Ne viccelj!: Come on, you must be joking.
rokon: relative
zavar (valakit): disturb (somebody)

2. **Töltse ki a táblázatot! Egy szót több helyre is beírhat.**

~~ér~~ ▪ elindul ▪ főz ▪ alszik ▪ jön ▪ olvas ▪ dolgozik ▪ tévét néz ▪ megy ▪ telefonál ▪ hagy

ITTHONRÓL / OTTHONRÓL	
ITTHON / OTTHON	
HAZA...	hazaér

3. ***Itthon van* vagy *otthon van?* Jelölje, hogy mit válaszol Ádám!**

– Halló, Ádám! Otthon vagy?	– Igen, itthon vagyok.	– Nem, nem vagyok otthon.
0. Amikor Ádám egy taxiban ül.		×
1. Amikor a konyhájában eszik.		
2. Amikor a barátnőjénél van.		
3. Amikor a tévészerelőt várja a lakásában.		
4. Amikor az erkélyén napozik.		
5. Amikor éppen hazafelé megy a munkahelyéről.		

4. ***Itthon* vagy *otthon?* Egészítse ki a mondatokat!**

0. Sokkal izgalmasabb volt megnézni ezt a filmet moziban, mint otthon.

1. Most beteszem a mobiltöltőt a táskámba, mert megint elfelejtem, és .... marad.
2. Halló, halló! ... Nem, én még itt vagyok a piacon... Igen, majd .... találkozunk. Szia!
3. Mikor jössz haza? – Még veszek egy-két dolgot. Hétre .... leszek.
4. Végre .... vagyunk! Hosszú volt ez a nap.
5. Jaj! .... hagytam a bérletemet. Most vehetek egy jegyet!

5. **Keresse meg a párokat!**

0. *Amikor hazaérek,*
1. Mindennap
2. Hétvégén szeretek otthon
3. A kedd
4. Nálam mindig van otthon
5. Nálunk húsvétkor az a szokás, hogy

a) tornázom otthon fél órát.
b) a fiúk meglocsolják a lányokat.
c) a leghosszabb napom, ilyenkor később érek haza.
d) fájdalomcsillapító.
e) *először mindig főzök egy kávét.*
f) filmet nézni.

0.	1.	2.	3.	4.	5.
e					

6. Válassza ki a helyes szót!

0. A buli vagy nálam/hozzám lesz, vagy egy kocsmában.

1. Jó napot, kedves szomszéd! Önhöz / Önnél van fűtés?
2. Átmehetek hozzád / tőled mosni? Elromlott a mosógépem.
3. Késő van már, ne menj haza! Aludj inkább nálunk / tőlünk!
4. Ma nem érek rá, vendégek jönnek nálam / hozzám.
5. Tőled / Nálad csak a 66-os busszal lehet bejönni a városba?
6. Kinél / Kihez lesz a születésnapi vacsora?
7. Mi lenne, ha nálad / hozzád mennénk filmet nézni?
8. Dóri új lakásba költözött? Mikor megyünk el hozzá / nála?
9. Kiknél / Kikhez szoktatok elmenni karácsonykor?
10. Önöknél / Önöktől megy állandóan a mosógép?
11. Kitől / Kiktől jöttek már válaszok a meghívóra?

7. Írja be a megfelelő szavakat!

otthon nálad nálam	1. Az iskolában **Gergő:** Ez nem igaz! Otthon hagytam a piros tollamat. **Kati:** .... (1.) van még egy. Kéred? **Gergő:** Igen, köszönöm. Hány toll van .... (2.)? **Kati:** Sok. És .... (3.) még több van.
haza hozzád itthonról otthonról	2. Otthon **Éva:** Halló! Szia, Ildi! Mi újság? Apuék elmentek .... (1.), és olyan unalmas így egyedül. **Ildi:** Elmentek .... (2.)? Akkor átmegyek .... (3.). **Éva:** Ne gyere! Nem tudom, mikor jönnek .... (4.). Csak beszélgessünk egy kicsit!
haza hozzám nálad nálam otthon	3. A klubban **Andi:** Ne menjünk még .... (1.), olyan jó itt a zene! **Kitti:** De Andi, már három napja bulizunk! Elfáradtam. **Andi:** Rendben. Kinél aludjunk? .... (2.) vagy .... (3.)? **Kitti:** .... (4.) szeretnék aludni, menjünk .... (5.).

8. **Dani szobát keres. Egészítse ki a beszélgetést!**

~~hozzám~~ ▪ haza ▪ nála ▪ nálad ▪ náluk ▪ náluk ▪ otthon ▪ tőlük

András: Tényleg *hozzám* (0.) szeretnél költözni? Eddig hol laktál?
Dani: Március végén találtam egy nagyon jó állást itt, Pesten, és azonnal el kellett kezdenem dolgozni. Egy pesti barátom felajánlotta, hogy egy-két hétig lakhatok .... (1.). Úgy egy hétig minden rendben is ment. Keveset volt .... (2.), a barátnőjénél lakott. Azután ....költözött (3.) a barátnőjével együtt, így el kellett mennem. Két barátom segített, ugyanis volt .... (4.) egy szabad szobájuk. Egy hét után azonban eljöttem .... (5.). Mindennap buli volt .... (6.), és ezt nagyon nem szerettem. Ugye .... (7.) nem lesz mindennap húsz vendég?

9. **Írja be a személyes névmások megfelelő alakját a mondatokba!**

~~nálatok~~ ▪ hozzánk ▪ nálatok ▪ tőletek ▪ hozzátok ▪ hozzánk ▪ nálatok ▪ nálatok

0. Úgy örülök, hogy *nálatok* tölthetem a hétvégét. Köszönöm, hogy meghívtatok.

1. Azt szeretném kérdezni ...., hogy holnap alhatnék-e ....
2. Ha végeztél, gyere fel .... egy kávéra!
3. Itt maradhatok ...., amíg találok albérletet?
4. Úgy szeretek .... lenni, mert itt mindig olyan jó a hangulat.
5. Hová megyünk este, ... vagy ....?

10. **Ezt csináltam tegnap. Alkosson múlt idejű mondatokat! Használja a *-tól/-től, -ról/-ről, -nál/-nél, -hoz/-hez/-höz* ragokat!**

0. (én) a nagymamám, tegnap, süt, sokat – *Tegnap a nagymamámnál sokat sütöttem.*

1. (én) itthon, elindul, 10 óra, már

   ....
2. (én) elmegy, a barátom, és, ebédel, nála

   ....
3. (én) délután, elmegy, a nagymamám, sütit sütni

   ....
4. (én) a nagymamám, lenni, szeret, nagyon

   ....
5. (én) a nagymamám, haza, hatkor, indul

   ....
6. (én) visz, haza, sok süti

   ....

11. **Kérdezzen a példa szerint az aláhúzott mondatrészre!**

a) **Zsuzsa:** Te ismered Zolit, ugye?
Ági: Kit? (0.)
Zsuzsa: Kovács Zolit. Képzeld, odaköltözött Krisztához.
Ági: ....? (1.)
Zsuzsa: Krisztához. Tudod, aki korábban Gábornál dolgozott.
Ági: ....? (2.)
Zsuzsa: Gábornál, Zoli barátjánál. Tőle jött át hozzánk.
Ági: ....? (3.)
Zsuzsa: Most mondtam, hogy Gábortól.
Ági: Sajnos ebből egy szót sem értek...

b) **Kolléga:** Én ezt a munkát hazaviszem.
Kolléganő: ....? (4.)
Kolléga: Otthon is be tudom fejezni.
Kolléganő: ....? (5.)
Kolléga: És majd otthonról elküldöm.
Kolléganő: ....? (6.)

12. **Andihoz születésnapi vacsorára mennek a barátnői. Indulás előtt üzeneteket írnak egymásnak. Egészítse ki a mondatokat!**

18:25 **Dóri:** Sziasztok, lányok! Még itthon (0.) vagyok, kicsit késni fogok. Ki hánykor lesz ott .... (1.)?	a) haza b) itthon c) otthon a) Andihoz b) Andinál c) Anditól
18:28 **Rita:** Én is csak most indulok .... (2.), bocs, Andi. De hétkor már ott leszek .... (3.).	a) itthon b) otthon c) itthonról a) hozzád b) nálad c) tőled
18:30 **Andi:** Semmi gond! Szandra már itt van .... (4.), addig beszélgetünk.	a) hozzám b) nálam c) tőlem
18:32 **Emese:** Én már úton vagyok. Remélem, nem hagytam .... (5.) semmit, mint a múltkor...	a) haza b) itthon c) otthon
18:34 **Rita:** Az nagyon vicces volt! Apukád vitte el .... (6.) a szülinapi tortát .... (7.). Hogy lehet egy szülinapi tortát .... (8.) felejteni?	a) itthon b) itthonról c) otthonról a) Dórihoz b) Dórinál c) Dóritól a) haza b) itthonról c) otthon
18:35 **Rita:** Lányok, baj van! .... (9.) hagytam Andi ajándékát.	a) Haza b) Itthonról c) Otthon

16. HÁNY? HÁNYSZOR? HÁNYAS? HÁNYAN?

A magyarban a számnevek is kaphatnak végződéseket. Így természetesen a jelentésük is eltérő lesz.

Numerals can also get suffixes in Hungarian. They will have a different meaning then.

EGY, KETTŐ, HÁROM | ONE, TWO, THREE

Kérdőszó: hány? (megszámlálható), mennyi? (megszámlálhatatlan)
Question word: hány? how many? (countable), mennyi? how much? (uncountable)

FIGYELEM! – N.B.

két – kettő

- Hány macskád van? – Két macskám van. / Kettő.
  How many cats have you got? – I've got two cats. /Two.
- Kettő meg kettő az négy. (matematika)
  Two and two makes four. (mathematics)
- A címem Kossuth utca 2. (kettő) A kedvenc filmem a Terminator 2. (kettő) (címek, filmcímek, könyvcímek)
  My address is 2 Kossuth Street. My favourite film is Terminator 2. (addresses, film titles, book titles)

Egyes szám – többes szám – Singular – Plural

- Ebben a városban jó szállodák vannak. (többes szám) In this town there are good hotels. (plural)

Ha megadjuk a mondatban valaminek a számát vagy a mennyiségét, a számnév után egyes számot használunk.
If you give the number or the quantity of something in a sentence, we use singular after the numeral or the determinal.

- Ebben a városban két jó szálloda van. Itt kevés/sok jó szálloda van.
  There are two good hotels in this town. There are few / a lot of good hotels here.

Évszámok – Dates

- 1492: Kolumbusz ezernégyszázkilencvenkettőben fedezte fel Amerikát.
  1492: Columbus discovered America in fourteen ninety-two.
- 2020: kétezerhúsz
  2020: two thousand twenty

EGYSZER, KÉTSZER, HÁROMSZOR, SOKSZOR | ONCE, TWICE, THREE TIMES – SEVERAL TIMES

Kérdőszó: hányszor?, milyen gyakran?, hány alkalommal?

Question word: hányszor?, milyen gyakran?, hány alkalommal? (how many times? how often? on how many occasions?)

1-szer: egyszer 2-szer: kétszer 3-szor: háromszor 4-szer: négyszer 5-ször: ötször 6-szor: hatszor 7-szer: hétszer 8-szor: nyolcszor 9-szer: kilencszer 10-szer: tízszer	▪ Már nagyon sokszor, hatszor voltam Londonban. I've been to London several times, actually six times. ▪ Egyszer volt, hol nem volt... (mesék kezdése) Once upon a time... (to begin a tale) ▪ Egyszer régen már találkoztunk. (visszaemlékezés egy régi eseményre) We met once, but it was long ago.(recalling an event from the remote past) ▪ Négyszer kettő az nyolc. (4 × 2 = 8) Four times two makes eight.

EGYES, KETTES, HÁRMAS | NUMBER ONE, NUMBER TWO, NUMBER THREE, ...

Kérdőszó: hányas?, melyik?

Question word: hányas?, melyik? (what number? which?)

1-es: egyes 2-es: kettes 3-as: hármas 4-es: négyes 5-ös: ötös 6-os: hatos 7-es: hetes 8-as: nyolcas 9-es: kilences 10-es: tízes	▪ A hatos busszal megyünk. (jármű száma) We'll take bus number six. (vehicle) ▪ A hatos (hatórás) busszal megyünk. (indulási idő) We'll take the bus that leaves at six. (departure time) ▪ A mai óra a 303-as teremben lesz. (szoba, terem száma) The class will be in room 303 today. (room) ▪ Egy ilyen cipőt szeretnék 38-as méretben. (cipőméret) I'd like a pair of shoes like this in size 38. (shoe size) ▪ Kérhetek egy S-es nadrágot? Azt hiszem, az 36-os méret. (ruhaméret) Can I have trousers in size S? I think it's size 36. (size of clothes) ▪ Az 1972-es olimpia Münchenben volt. (esemény évszáma) The 1972 Olympics were in Munich. (date of an event) ▪ A barátom most akar venni egy 7-es BMW-t. (autó-/járműtípus, márka) My friend would like to buy a BMW 7. (type of a car or vehicle) ▪ Tízezresem van. Tudsz visszaadni? (pénzérme, bankjegy) I've got a ten thousand Forint note, do you have change for it? (coin, note) ▪ Nagyon jó lett a tesztem, ötöst kaptam. (osztályzat az iskolában) My test went great. I got a five. (grades at school)

EGYEDÜL, KETTEN, HÁRMAN ¦ ALONE, (IN) TWO, (IN) THREE... (OF US,YOU...)

Kérdőszó: hányan?
Question word: hányan? (how many?)

1: egyedül 2-en: ketten 3-an: hárman 4-en: négyen 5-en: öten 6-an: hatan 7-en: heten 8-an: nyolcan 9-en: kilencen 10-en: tízen 11-en: tizenegyen	▪ egyedül alone ▪ néhányan some ▪ kevesen a few ▪ kevesebben fewer ▪ többen more ▪ sokan many people	▪ Hányan vagytok testvérek? – Hatan. How many brothers or sisters have you got? – Six. ▪ Nem leszünk sokan a csoportban. There won't be many of us in the group. ▪ Nem jön senki, egyedül megyek. Nobody is coming, I'm going alone.

1. Egy kis matematika

1. Egy 38 éves apának 8 éves a fia. *Hány év* múlva lesz az apa *háromszor* annyi idős, mint a fia?
   a) öt év múlva b) hat év múlva c) hét év múlva
2. A kutyám *kétszer* annyi kolbászt evett meg, mint a macskám. *Hány kolbászt* evett a két állat, ha a macska *négyet* evett meg?
   a) nyolcat b) tízet c) tizenkettőt
3. Legalább *hány bankjegy* és érme kell 8680 forint kifizetéséhez?
   a) 8 b) 12 c) 20
4. A csoportban *húsz gyerek* írt tesztet. *50 százalékuk* kapott *négyest*, és ezeknek a gyerekeknek *70 százaléka* lány. *Hány* fiú kapott *négyest?*
   a) 3 b) 4 c) 7
5. *Hányas számú* teremben lesz az óra, ha a terem száma (számjegye) szimmetrikus?
   a) 3-as b) 8-as c) 9-es
6. *Hányan vagyunk* lánytestvérek a családban, ha két nővérem, egy húgom és egy öcsém van?
   a) hárman b) négyen c) öten

MINISZÓTÁR

állat: animal
bankjegy: banknote
érme: coin
kolbász: sausage
legalább: at least
százalék: percent
testvérek: siblings
tesztet ír: write a test

2. *Kettő* vagy *két?* Egészítse ki a mondatokat!

0. *Két* sört kérek szépen!
1. Hány autótok van? – ....
2. Mi az iskola címe? – Tavasz utca ....
3. Keanu Reeves játszik a Mátrix ....ben? – Persze, még a harmadik részben is.
4. Petike! Van .... kérdésem: mennyi .... meg ...., és mennyi kétszáz meg ....?
5. Egy meg egy az ....
6. Mennyi kétszer hat? – Tizen............................ .

3. Melyik a helyes?

0. Hányan / Hányas busz jár a Parlamentnél? (Hányas bekarikázva)
1. Hányszor / Hányan járs z balettra egy héten?
2. Hány / Hányas darab almát kérsz?
3. Hányas / Hányan jártok úszni?
4. Mennyi / Hányas a lábad?
5. Milyen gyakran / Hányan vásárolsz cipőt?
6. Hányan / Hányas ruhát viselsz?

4. **Melyik a helyes válasz?**

0. Nem tudom, *hányas* teremben lesz az óra.
   a) hány b) hányas c) hányan
1. Annának elég kicsi a lába: .... cipőt visel.
   a) 35-ös b) 35 c) 35-ször
2. A kirándulásra nem jön mindenki, csak .... megyünk.
   a) hatszor b) hatan c) hat
3. Megbuktam. .... lett a vizsgám.
   a) Egyes b) Egy c) Egyedül
4. Nincs nálam pénz, tudnál kölcsönadni? – Persze, itt egy ....! Elég lesz?
   a) ezres b) ezren c) ezerszer
5. Honnan indul a .... busz?
   a) nyolcszor b) nyolcan c) nyolcas
6. Már .... béreltem elektromos autót.
   a) háromszor b) hármas c) hárman

5. **Milyen gyakran? Hányszor? Válaszában használja a *naponta, hetente, havonta, évente* szavakat is!**

0. Milyen gyakran iszol kávét? – *Naponta csak egyszer.*
1. Milyen gyakran jársz étterembe? ....
2. Milyen gyakran utazol külföldre? ....
3. Milyen gyakran nézel tévét? ....
4. Milyen gyakran veszel ki pénzt bankautomatából? ....
5. Milyen gyakran eszel halat? ....
6. Milyen gyakran rendelsz pizzát? ....

6. **Mondja másképpen! Írja be a mondatokba a zárójelben lévő számot a megfelelő alakban!**

0. Dupla adagot kérünk. = *Két* (2) adagot kérünk.
1. Van két testvérem. = ... (3) vagyunk testvérek.
2. Három alkalommal voltam jógaórán. = ... (3) voltam jógaórán.
3. 100%-os lett a tesztem. = ...t (5) kaptam.
4. Ma csak Kati volt otthon. = Kati .... (1) volt otthon.
5. Már tizenkét edzésen voltam. = ... (12) voltam edzésen.
6. Hat ember van a csoportban. = ... (6) vagyunk a csoportban.
7. Csak egy tízezer forintosom van. Tud visszaadni? = Csak egy .... (10 000) van.
8. Az olimpia 2008-ban Pekingben volt. = A .... (2008) olimpia Pekingben volt.
9. 101 a terem száma, ahol vagyunk. = A .... (101) teremben vagyunk.

7. Kérdezzen az aláhúzott mondatrészekre!

0. *Hányas villamos megy a Parlamenthez?* – A kettes villamos megy a Parlamenthez.
1. ....? – Négyen megyünk Párizsba.
2. ....? – Csak egyszer voltam Londonban.
3. ....? – Négy szoba van a lakásunkban.
4. ....? – Hetente kétszer járok úszni.
5. ....? – Tizenketten vagyunk a csoportban.
6. ....? – Apámnak 47-es a lába.

8. Válassza ki a helyes megoldást!

Nyelviskola: Halló! Budapest Nyelviskola. Miben segíthetek?	
Érdeklődő: Jó napot kívánok! Magyartanfolyamot keresek egy külföldi barátomnak.	
Nyelviskola: Értem. Milyen jól tud a barátja magyarul?	
Érdeklődő: Csak egy kicsit. Még csak *két* (0.) hónapja van itt.	(a) két b) ketten c) kettes
Nyelviskola: Rendben. .... (1.) szeretne tanulni, vagy csoportban?	a) Egy b) Egyedül c) Egyen
Érdeklődő: Nem tudom. Attól függ, ... (2.) vannak egy csoportban.	a) hány b) hányas c) hányan
Nyelviskola: Vannak kis és nagy csoportjaink. A kis csoportba általában maximum .... (3.) járnak, a nagyba legfeljebb .... (4.).	a) négy b) négyen c) négyszer a) nyolc b) nyolcan c) nyolcas
Érdeklődő: Szerintem jobb lesz neki a kis csoport. .... (5.) nem olyan érdekes tanulni.	a) Egy b) Egyedül c) Egyszer
Nyelviskola: Rendben. Azt tudja, hogy a barátja .... (6.) szeretne járni egy héten?	a) hányan b) hány c) hányszor
Érdeklődő: Igen, ... (7.). Ha lehet, reggel, munka előtt.	a) kettő b) kettes c) kétszer
Nyelviskola: Értem. Van ilyen csoportunk. Ha érdekli őt, jöjjön be hozzánk a barátja, és megbeszéljük a részleteket. Ha gondolja, jöjjön el vele ön is! A címünk Rózsa utca .... (8.). Egy megálló a Deák térről a .... (9.) busszal, a pályaudvar felé. .... (10.) kapucsengő. Én a .... (11.) szobában leszek.	a) ketten b) kettő c) két a) kettes b) kettő c) két a) Ketten b) Kettes c) Kétszer a) hárman b) hármas c) három
Érdeklődő: Rendben! Köszönöm.	

17. HÁNYADIK? HÁNYADSZOR? HÁNYADIKA? HÁNYADIKÁN?

FÉL, HARMAD, NEGYED ... TIZED, SZÁZAD ¦ HALF, A THIRD, A QUARTER,... A TENTH, A HUNDREDTH

1/2	fél
1/3	(egy)harmad
1/4	(egy)negyed
3/4	háromnegyed
1/5	(egy)ötöd
1/6	(egy)hatod
1/10	(egy)tized
1/100	(egy)század
1/1000	(egy)ezred

- Hánykor találkozunk? Negyed 3-kor? Vagy csak fél 3-kor? Vagy háromnegyed 3-kor? (időpont)
  When shall we meet? At a quarter past two? Or only at half past two? Or at a quarter to three? (a particular time)
- 3,5 = három egész öt tized (tizedes törtek) / három és fél
  3.5 = three point five (decimal fractions) / three and a half
- Fél kiló paradicsomot kérek! (mennyiségek)
  I'd like half a kilo of tomatoes. (quantity)

FIGYELEM! – N.B.

- 1,5 = egy egész öt tized / másfél
  1.5 = one point five (or one and a half)

ELŐSZÖR, MÁSODSZOR, HARMADSZOR ¦ FIRST TIME, SECOND TIME, THIRD TIME

Kérdőszó: hányadszor?, hányadik alkalommal?
Question word: hányadszor?, hányadik alkalommal? (how many times?, how often?)

1. először
2. másodszor
3. harmadszor
4. negyedszer
5. ötödször
6. hatodszor
7. hetedszer
8. nyolcadszor
9. kilencedszer
10. tizedszer
11. tizenegyedszer
12. tizenkettedszer

...

utoljára last time

- Ma voltam hatodszor jógázni. (hatodik alkalommal)
  It was the sixth time I have been on the yoga course today. (the sixth occasion)
- Hányadszor nyerte meg a csapat a bajnokságot?
  How many times has the team won the championship?
- Idén már másodszor romlott el a mobilom.
  This year this is the second time my mobile broke.

ELSŐ, MÁSODIK, HARMADIK ¦ FIRST, SECOND, THIRD

Kérdőszó: hányadik?, melyik?
Question word: hányadik?, melyik? (which?, of a given number?)

1. (az) első
2. (a) második
3. (a) harmadik
4. (a) negyedik
5. (az) ötödik
6. (a) hatodik
7. (a) hetedik
8. (a) nyolcadik
9. (a) kilencedik
10. (a) tizedik
11. (a) tizenegyedik
12. (a) tizenkettedik

- Olyan magas vagyok, hogy mindig én voltam az első a tornasorban. (valahányadik a sorban)
  I'm so tall that I was always the first in the line in P.E. classes. (a position in a line)
- Ma volt az első nap az iskolában. (valahányadik)
  It was the first day at school today. (one of a given number of things)
- Nézzük meg a könyvben a tizedik oldalon a második feladatot! (oldal, feladatszám)
  Look at the second exercise on the tenth page of the book. (page, number of an exercise)
- A hatodik emeleten lakom. (emelet)
  I live on the sixth floor. (floor)
- A VII. (hetedik) kerületben dolgozom. (kerület)
  I work in the 7th (seventh) district. (district)
- Az első és a második helyezett ajándékot kapott. (helyezés versenyen, eredmény)
  Those who came in first and second got a present. (to be placed at a sports or other competition, result)
- XIV. (tizennegyedik) Lajos volt a Napkirály. (uralkodók, pápák)
  Louis XIV (the fourteenth) was the 'Sun King'. (rulers, popes)
- A 21. században nagyon fontos lett az informatika. (század)
  IT has become very important in the 21st century. (century)

ELSEJE – ELSEJÉN, MÁSODIKA – MÁSODIKÁN (1-JE – 1-JÉN, 2-A – 2-ÁN) ¦ THE FIRST – ON THE FIRST, THE SECOND – ON THE SECOND...

Kérdőszó: hányadika?, hányadikán? (dátum)
Question word: hányadika?, hányadikán? (which day? which date? on which day?) (date)

Hányadika? Which day?		Mikor? = Hányadikán? When? = On which date?	
1-je	elseje	1-jén	elsején
2-a	másodika	2-án	másodikán
3-a	harmadika	3-án	harmadikán
4-e	negyedike	4-én	negyedikén
5-e	ötödike	5-én	ötödikén
6-a	hatodika	6-án	hatodikán
7-e	hetedike	7-én	hetedikén
8-a	nyolcadika	8-án	nyolcadikán
9-e	kilencedike	9-én	kilencedikén
10-e	tizedike	10-én	tizedikén
11-e	tizenegyedike	11-én	tizenegyedikén
12-e	tizenkettedike	12-én	tizenkettedikén

- Hányadika van ma? – Május hatodika.
  What is the date today? – It's May the sixth.
- Hányadikán születtél? – Május hatodikán.
  Which day were you born on? – The sixth of May.

ELSŐ NAPOM AZ ISKOLÁBAN

Az *első osztályos* Robi gondolatai *szeptember 1-jén.*

Ma vagyok *először* és *utoljára* iskolában. Ez már biztos! Holnap már nem jövök, elég volt. Nem lesz *második nap.* Nem fogok korán kelni. Ma kellett *először fél hétkor* kelnem. Ezt nem bírom ki *többször.* Ráadásul itt ülök az *első sorban*, ahol mindenki lát. Már *harmadszor kérdez* engem a tanító néni. Az *első kérdésre* még tudtam válaszolni, de a *második* és a *harmadik kérdést* egyáltalán nem értettem. Megmondom anyáéknak, hogy nem jövök *többször.* Elég volt ennyi. Megyek dolgozni!

MINISZÓTÁR

egyáltalán: at all
gondolat: thought
kibír: bear/put up (with something)
megmond (valamit): say (something)
ráadásul: moreover/what's more
sor: row

1. Igaz vagy hamis?

1. Robi már kétszer volt iskolában. IGAZ HAMIS
2. Robi ma 7.30-kor kelt. IGAZ HAMIS
3. Robi két kérdésre nem tudott válaszolni. IGAZ HAMIS
4. Robi el akar menni dolgozni. IGAZ HAMIS

2. Melyik számra gondoltunk?

0. Az első betűje „h", a negyedik „o": *három*

1. Négy betű, az első és a harmadik betűje „e": ....
2. Az utolsó betűje az ábécé első betűje, és öt betű van benne: ....
3. Ez a szám egy rövid szó, az első betűje „ö", az utolsó betűje „t": ....
4. Ez az első szám, amelyikben az első és az utolsó betű ugyanaz: ....

3. Híres emberek. Hogyan mondjuk? Írja le a számokat betűkkel!

0. VIII. Henrik: *Nyolcadik* Henrik

1. XIV. Lajos francia király: ....
2. III. György brit király: ....
3. II. János Pál pápa: ....
4. I. Ferenc József magyar király, osztrák császár: ....
5. II. Rákóczi Ferenc fejedelem: ....
6. IV. Béla magyar király: ....

4. Mi hol van a könyvben? Válaszoljon!

1. Hányadik oldal ez a könyvben?
....
2. Hányadik feladat ez ebben a leckében?
....
3. Hányadik oldalon kezdődik a legkönnyebb lecke?
....
4. Hányadik oldalon kezdődnek a megoldások?
....
5. Hányadik oldalon kezdődik az ötödik lecke?
....

5. Dátumok. Írja le betűkkel a számokat! Miért fontos ez a nap?

0. Május *elseje* (1.) a munka ünnepe.

1. December .... (24.) szenteste.
2. December .... (25.) és .... (26.) karácsony két napja.
3. Január .... (1.) újév napja.
4. Április .... (1.) a bolondok napja.
5. December .... (6.) a Mikulás napja.

6. **Dátumok, évszámok. Írja le betűkkel a számokat! Mit ünneplünk ezen a napon?**

0. Január *elsején* (1.) az újévet ünnepeljük.

1. Március .... (15.) az 1848-................ forradalmat ünnepeljük.
2. Augusztus .... (20.) Szent István királyt ünnepeljük.
3. Október .... (23.) az 1956-................ forradalmat ünnepeljük.

7. **Írja le betűkkel a zárójelben lévő számokat!**

0. December utolsó napja szilveszter. = December *harmincegyedike* (31.) szilveszter.

1. Január első napján ünnepeljük az újévet. = Január .... (1.) ünnepeljük az újévet.
2. Egyszer már voltam Rómában, most vagyok itt .... (2.).
3. A könyvtár és a számítógépterem utáni ajtó a vécé. = A .... (3.) ajtó a vécé.
4. Új vagyok itt. = Most vagyok itt .... (1.).

8. **Írja le betűkkel a számokat a megfelelő helyre, a megfelelő alakban!**

a) Információk az órákról: a februári levél

~~február 2.~~ ▪ heti 2× ▪ 2 óra ▪ 2. emelet ▪ 12. terem ▪ 2 fő

Tisztelt diákok! Az első óra *február másodikán* (0.) lesz.

Minden héten .... (1.) találkozunk, hétfőn és szerdán. Az óra a .... (2.) lesz, a .... (3.), és .... (4.) kezdődik. A csoportban .... (5.) lesznek.

b) Információk az órákról: a márciusi levél

március 3. ▪ heti 3× ▪ 3 óra ▪ 3. emelet ▪ 3. terem ▪ 3 fő

Az első óra március .... (1.) lesz. Minden héten .... (2.) találkozunk, hétfőn, szerdán és pénteken. Az óra .... (3.) kezdődik, a .... (4.) lesz, a .... (5.). A csoportban .... (6.) lesznek.

c) Egy kis foci

0. A Ferencváros csapata már csak *negyedik* (4.) a magyar bajnokságban.

1. Decemberig .... (1.) volt a csapat,
2. de aztán a klub eladott .... (2) játékost Németországba.
3. Ők .... (2) nagyon hiányoznak idén.
4. A csapat utoljára január .... (20.) nyert.
5. Azóta viszont már .... (4) veszített.
6. Ha hétvégén .... (5.) is veszítenek, akkor hétfőn elküldik a csapat edzőjét.

d) Könyv- és filmcímek

0. Ridley Scott: A *nyolcadik* (8.) utas a halál (Alien)

1. Joseph Heller: A ....es (22) csapdája
2. Kurt Vonnegut: Az ....ös (5) számú vágóhíd
3. Luc Besson: Az .... (5.) elem
4. Oliver Stone: Született július ....én (4.)
5. Stanley Kubrick: .... (2001) – Űrodüsszeia
6. M. Night Shyamalan: .... (6.) érzék
7. Rejtő Jenő: A .... (14) karátos autó

9. Jössz játszani? Egészítse ki a párbeszédet!

~~öten~~ ▪ hármas ▪ első ▪ hányadikán ▪ harmadszor ▪ harminckettő ▪ hatodik ▪ két ▪ kétszer ▪ második ▪ negyed ▪ sokszor

Laci: Eljössz hétfőn egy kvízjátékra? Csak *öten* (0.) vagyunk, kellene egy .... (1.) ember.

Bea: Milyen kvíz? Én nem vagyok túl tájékozott.

Laci: Ó, mi sem vagyunk zsenik! Általános kérdések vannak, filmek, zene, sport, történelem.

Bea: Történelem? Megkérdezik, hogy 1769 augusztusában .... (2.) született Napóleon? Én nem tudok ilyen dolgokat.

Laci: Nem, ennél sokkal könnyebbek a kérdések.

Bea: Te már .... (3.) játszottál?

Laci: Még csak .... (4.), hétfőn megyek .... (5.). Az .... (6.) játékon nyertünk, és volt .... (7.) kérdés, amire csak én tudtam válaszolni.

Bea: Jó, egyszer szívesen kipróbálom. Hány kérdés van?

Laci: .... (8.).

Bea: És hol játszunk?

Laci: A Café Ultrában. Gyere a .... (9.) busszal a Petőfi térig, onnan a .... (10.) utca az egyetem felé.

Bea: Oké! Hány órakor találkozunk?

Laci: .... (11.) nyolckor.

10. Alkosson további kérdőszókat a *hány* szóból, és tegyen fel kérdéseket!

0. (te) hány, jár, egy héten? – *Hányszor jársz edzeni egy héten?*

1. (te) hány, lakik, emelet? ....
2. hány, ma, van? (dátum) ....
3. (te) hány, utazik, Japán? (dátum) ....
4. hány, a könyvben, oldal, van, a megoldókulcs? ....
5. hány, a Bayern München, volt, a bajnokságban?..

18. IDŐ, ÓRA

IDŐ ¦ TIME / WEATHER

1. Gyorsan telik az idő. Time flies fast.
2. Van időd pihenni? Jó neked. Nekem nincs rá időm. Have you got time to relax? It's good for you because I haven't got any time for that.
3. Novemberben már hideg és esős az idő. The weather is already cold and rainy in November.

FIGYELEM! – N.B.

Az *idő* szó egyes személyragos alakjai rendhagyók: *időm, időd, ideje, időnk, időtök, idejük*.
The first person singular suffixed forms of *'idő'* are the following: *időm, időd, ideje, időnk, időtök, idejük*

ÓRA ¦ O'CLOCK / HOUR / WATCH / METER / CLASS

1. A film nyolc órakor kezdődik. The film starts at eight o'clock.
2. 1 óra = 60 perc 1 hour = 60 minutes
3. Vettem egy elegáns svájci órát. I bought an elegant Swiss watch.
4. Hol van a lakásban a gázóra? Where's the gas meter in the flat?
5. Egy nyelviskolába járok magyarórára. I attend a Hungarian course at a language school.

HÁNY ÓRA (VAN)? MENNYI AZ IDŐ? ¦ WHAT'S THE TIME?

A 9.15, 9.30, 9.45-ös időpontokat megadhatjuk a *negyed, fél* és *háromnegyed* szavak használatával is. Ilyenkor megnevezzük, hogy mennyi idő telt el az előző kerek óra óta *(negyed, fél* vagy *háromnegyed)*, és hogy melyik a következő kerek óra.
9:15, 9:30, 9:45 can be expressed with the words negyed *(quarter past)*, *fél (half)*, *háromnegyed (quarter to)* and you just need two words: how much time has elapsed since the previous top of the hour (a quarter) or how much time is back until the next top of the hour (half or a quarter).

- 9.15 = negyed tíz = negyed órával vagyunk 9 óra után, és 10 óra következik
  9:15 = quarter past nine – it is a quarter past 9 and top of the hour is 10.
- 9.30 = fél tíz = fél órával vagyunk 9 óra után, és 10 óra következik
  9:30 = half past nine – it is half past 9 o'clock and the next top of the hour is 10.
- 9.45 = háromnegyed tíz = háromnegyed órával vagyunk 9 óra után, és 10 óra következik
  9:45 = it is quarter to ten – it is three quarters past 9 and the next top of the hour is 10.

Ez felfogható egy utazásként is. 9 órából elindultunk 10 órába. 9.15-kor még csak az út negyedét tettük meg 10 óráig, ezért mondjuk azt, hogy negyed tíz.
It can be seen as a journey: you have started from 9 o'clock and are heading for 10 o'clock, at 9.15 you have covered one quarter of the distance until 10 o'clock, that's why we say a quarter past nine.

FIGYELEM! – N.B.

1. A *negyed*, *fél* és *háromnegyed* szavak után az *óra* szót nem használjuk.
   Do not use the word *óra* (o'clock) after *negyed* (quarter past), *fél* (half past), *három-negyed* (quarter to).
   - Fél 10-kor indultunk a városba. We left for the city at half past 10.
2. 12.00 és 24.00 óra között, amennyiben *negyed*, *fél* vagy *háromnegyed* óráról van szó, 1-től 12-ig használjuk a számokat.
   Between 12.00 and 24.00 use the numbers from 1 to 12 if you want to say quarter past, half past or quarter to
   - 12.30 = fél 1 12:30 = half past twelve
   - 21.45 = háromnegyed 10 21:45 = quarter to ten
3. A *dél* és *éjfél* szavak előtt nem állhat *negyed*, *fél* vagy *háromnegyed*.
   Do not use *negyed* (quarter past), *fél* (half past) and *háromnegyed* (quarter to) with *dél* (noon) and *éjfél* (midnight))
   - 12.00 óra = dél 12 o'clock am = noon
   - 24.00 óra= éjfél 12 o'clock pm = midnight
   - 11.30/23.30 = fél 12 11.30 am/pm = half past eleven

MIKOR? HÁNY ÓRAKOR? (HÁNYKOR?) ¦ WHAT TIME?

1. Ha konkrét időpontot szeretnénk meghatározni, a kérdőszó *mikor?* vagy *hány órakor?*, és a válaszban az időpont is megkapja a *-kor* ragot.
   If you refer to a concrete point of time the question word is What time?, and the suffix *-kor* must be added also to the word expressing the time in the answer).
   - Mikor találkozunk? 6 órakor? – Igen, 6-kor. What time shall we meet? At 6 o'clock? – Yes, at 6 o'clock.
2. Ha megbeszélt időpontra hivatkozunk, a *-ra/-re* ragot használjuk.
   Il you refer to a fixed appointment use the suffix *-ra/-re*)
   - Mikorra / Hány órára mész az orvoshoz? – Fél 7-re. What time are you going to see the doctor? Half past 6.

HÁNY ÓRÁTÓL HÁNY ÓRÁIG? METTŐL MEDDIG? ¦ FROM WHAT TIME TILL WHEN?

1. Az óra 11 órától (11-től) 12 óráig (délig) tart. (... -tól/-től ... -ig)
   The class lasts from 11 o'clock until 12 o'clock (noon). (-tól/től ... -ig) (from... until)
2. Reggeltől estig tanultam. Hétfőtől péntekig dolgozom. (időhatározókkal)
   I studied from morning till night., I work from Monday till Friday. (it can also be used with adverbs of time).

IDŐPONT-EGYEZTETÉS TELEFONON

Dorka: Halló! Jó napot, Tóth Dorka vagyok. *Időpontot* szeretnék *kérni.*
Asszisztens: Jó napot, Dorka! Megint fáj valamelyik foga?
Dorka: Igen, két napja fáj egy kicsit az egyik fogam.
Asszisztens: Értem. Holnap a doktor úr *reggeltől estig* egy konferencián lesz, ezért a héten csak *szerdától péntekig* rendel, és pénteken is csak *három órától* lesz bent délután. *Mikor* lenne jó Önnek?
Dorka: Ó, de kár! Pont holnap *lenne* több *időm*... Szerdán *hány órakor* mehetnék?
Asszisztens: Szerdán *fél tízkor* vagy délután *17.45-kor* lenne jó.
Dorka: *Háromnegyed hatkor* sajnos már késő, mert színházba megyek *hét órára*, és nem szeretnék elkésni. Akkor szerdán *fél tízkor* ott leszek. Köszönöm!
Asszisztens: Rendben, várjuk. Viszonthallásra!

MINISZÓTÁR

fáj a foga: have a toothache
időpont: appointment
rendel: have surgery hours
Viszonthallásra!: Goodbye!

1. Melyik állítás igaz, melyik hamis?

1. Az orvos félnapos konferencián vesz részt.	IGAZ	HAMIS
2. A doktor pénteken délelőtt is rendel.	IGAZ	HAMIS
3. Dorka három nap közül választhat.	IGAZ	HAMIS
4. Szerdán csak egy időpont szabad.	IGAZ	HAMIS
5. Dorka hétfőn telefonált.	IGAZ	HAMIS

2. *Idő* vagy *óra?* Alkosson összetett szavakat!

0. ebéd*idő*

1. ébresztő..
2. fali..
3. határ..
4. határ..napló
5. ....pont
6. kar..
7. nyelv..
8. parkoló..
9. stopper..
10. szabad..
11. szün..
12. menet..
13. ....járás
14. munka..
15. ....bér
16. ....eltolódás

3. Gyakori kérdések. *Idő* vagy *óra?* Egészítse ki a mondatokat!

0. Hány *óra* van?

1. Mennyi az ....?
2. Nagyon jó .... lesz hétvégén?
3. Vonattal hány .... az út Münchenbe?
4. Nagyon szép ez az .... Mennyibe került?
5. Tanár úr, mikor kezdődik a következő ....?
6. Mennyi .... alatt hozzák ki a pizzát?
7. Nagyon szép az .... Elmegyünk sétálni?
8. Milyen az ....?
9. Sok .... kell még neked, hogy befejezd a fűnyírást?
10. Biztosan jól jár ez az ....?

4. A szabadidő, a pénz és az energia. Egészítse ki a szöveget a *szabadidő* szó megfelelő alakjaival!

0. Sokan úgy érezzük, hogy kevés a *szabadidőnk.*

1. Te húszéves vagy? Akkor neked van energiád, van ...., de még nincs pénzed.
2. Én negyvenöt éves vagyok. Van energiám, van pénzem is, csak nincs ....
3. Apámnak pedig van pénze, és van .... is, csak már kevés az energiája.

5. Egy kérdés a nyelviskolában. Melyik szó hiányzik a mondatokból?

~~órát~~ ▪ idő ▪ időm ▪ óra ▪ óra ▪ ritkán ▪ korábban

Kedves Tanárnő!
Azt szeretném kérdezni, hogy a szerda délutáni *órát* (0.) nem kezdhetnénk-e el .... (1.). Hat .... (2.) helyett már háromnegyed 6-kor. Mert én a külvárosban lakom, és este már csak .... (3.) jár a busz. Ha az .... (4.) csak háromnegyed 6-ig tart, akkor elérem a fél 7-es buszt. Különösen így télen, amikor rossz az .... (5.), nem kellene várnom a megállóban. Ráadásul, ha korábban hazaérek, akkor este még van .... (6.) tanulni egy kicsit.
Köszönöm a válaszát. Üdvözlettel, Kata

6. Mennyi az idő? Hány óra van?

0. 10:30 *fél 11*

1. 8:15 ....
2. 7:30 ....
3. 8:45 ....
4. 12:30 ....
5. 6:00 ....
6. 11:15 ....
7. 12:00 ....
8. 21:45 ....
9. 17:30 ....
10. 19:30 ....

7. Válaszoljon az időpont megadásával! Ügyeljen a végződésekre!

0. Hánykor találkozunk? 9:30 *fél 10-kor*

1. Hányra mész fodrászhoz? 9:15 ....
2. Hány órától van a magyarórád? 7:45 ....
3. Hánykor megy a vonatod? 8:30 ....
4. Meddig jár este a metró? 23:30 ....
5. Hány óra van most Tokióban? 4:00 ....
6. Hány órára jön a szerelő? 11:30 ....
7. Hánytól lehet menni az orvoshoz? 8:15 ....
8. Mikor indultál haza? 24:00 ....
9. Mikor van vége a meccsnek? 20:45 ....
10. Hány órára foglaltál asztalt? 13:15 ....
11. Hány óráig van nyitva a bolt? 21:30 ....

8. Fejezze ki az időpontokat a *negyed, fél, háromnegyed* szavak használatával!

0. Nem volt hosszú a megbeszélés. 9-kor kezdtük, és *háromnegyed 10*-kor 9:45 már be is fejeztük.

1. A koncert csak 9-kor kezdődött, de én már ....-kor 20:30 ott voltam.
2. Kezdhetnénk az órát egy kicsit korábban? Öt helyett ....-kor 16:45?
3. Az üzlet csak 10-kor nyitott, kár volt odamennünk ....-re 9:30.

4. Hat órakor nincsen vonat, csak egy kicsit később, ...-kor 6:15.
5. Alexa negyed órát késett. 7 óra helyett ....-kor 19:15 érkezett meg.
6. Elkéstem az óráról: 3-kor kezdődött, és én csak ....-re 15:15 értem oda.

9. Kérdezzen az aláhúzott mondatrészre! *Hány órára? Hányra? Hány órától hány óráig? Hánytól hányig? Hánykor? Mettől meddig? Milyen?*

0. *Mennyi az idő? / Hány óra van?* – Fél 10 (van).

1. ....
Nem túl jó az idő. Erős szél fúj.

2. ....
6-kor kezdődik (az óra).

3. ....
3-tól 4-ig (tart a megbeszélés).

4. ....
8 órára foglaltam (asztalt).

5. ....
5-re kaptam (időpontot).

6. ....
Hétfőtől szerdáig tart (a konferencia).

7. ....
Nálunk (a nyári szünet) júliustól augusztusig (tart).

10. Válaszoljon a kérdésekre a példa szerint!

0. Általában hány órakor kezdődik a munkaidő? – *Reggel 8-kor vagy 9-kor.*

1. Nálatok mettől meddig tart az iskolában a nyári szünet?
....
2. Hány órakor szoktál ebédelni?
....
3. Hány órára jársz dolgozni?
....
4. Hány éves kortól járnak a gyerekek iskolába?
....
5. Mikor szoktál lefeküdni aludni?
....

11. A repülőtéren. Fejezze ki másképp az aláhúzott részeket!

~~egy órám~~ ▪ fél órát ▪ háromnegyed 1-kor ▪ háromnegyed órát ▪ idő ▪ magyarórán ▪ negyed órát ▪ nem volt időm ▪ van időm

Van 60 percem az indulásig. Most ráérek felhívni néhány embert. Reggel nagyon sok dolgom volt, nem tudtam senkit sem felhívni, délelőtt pedig magyartanfolyamon voltam. Anyukámmal legalább 15 percet fogok beszélni. Pedig tegnap is beszéltünk 30 percet. Itt most esik az eső, és fúj a szél, de remélem, nem fog késni a gépem... Na tessék! Most írták ki, hogy 45 percet késünk, és csak 12.45-kor indul a gép.	Van *egy órám* (0.) az indulásig. Most .... (1.) felhívni néhány embert. Reggel nagyon sok dolgom volt, ... (2.) senkit sem felhívni, délelőtt pedig .... (3.) voltam. Szerintem anyukámmal legalább .... (4.) fogok beszélni. Pedig tegnap is beszéltünk .... (5.). Itt most rossz az .... (6.), de remélem, nem fog késni a gépem... Na tessék! Most írták ki, hogy .... (7.) késünk, és csak .... (8.) indul a gép.

12. Alkosson mondatokat!

0. idő, az, mennyi? – *Mennyi az idő?*
1. van, már, 10, háromnegyed?
   ....
2. óra, hány, a buszod, jön?
   ....
3. (én) idő, kevés, van
   ....
4. idő, az, milyen?
   ....
5. (te) idő, van, minden, megtanul?
   ....
6. (te) tanul, reggel, vagy, este?
   ....
7. (én) remél, lesz, idő, jó, esernyő, visz, nem
   ...., hogy ...., mert akkor ....
8. (te) okosóra, van, mióta
   ....
9. (mi) esős idő, megyünk, nem, állatkertbe
   ....

13. Keresztrejtvény. A szürke mezők betűit megfelelő sorrendben összeolvasva egy idővel kapcsolatos tulajdonságot kap.

1. → Öreg, nem fiatal.
1. ↓ Mennyi az ....? – Negyed egy.
2. 12 óra.
3. Dallamos latin nyelv.
4. 8.30 = fél ....
5. → A film 10-................ éjfélig tart.
5. ↓ 9.30 = fél ....
6. → 16.15 = ... öt
7. 12.45 = háromnegyed ....
8. Ilyen a gepárd vagy a Ferrari.
9. –23 fok van, ... hideg az idő.
10. 19.30 = fél ....
11. 180 perc = három ....

Megfejtés: ....

19. RÉGEN, MOSTANÁBAN, MAJD

RÉGEN – MÚLTKOR ¦ LONG AGO – LAST TIME

- Régen minden jobb volt. Everything was better long ago.
- Múltkor még szőke volt a hajad, ugye? You had blond hair last time, didn't you?

ELŐSZÖR – UTOLJÁRA ¦ FOR THE FIRST TIME – LAST / THE LAST TIME

- Először moziban láttam ezt a filmet. I saw this film for the first time in the cinema.
- Utoljára tegnap találkoztam Annával. I last met him yesterday.

MOSTANÁBAN ¦ NOWADAYS

- Mostanában mindig fáradt vagyok. I'm so tired nowadays and I don't know why.

(MOST) AZONNAL – RÖGTÖN – MINDJÁRT ¦ IMMEDIATELY – IN A MINUTE - SOON

- A beteget (most) azonnal meg kell operálni. (nem tudunk várni, most kell kezdeni)
  The patient must be operated on immediately. (we can't wait, it must be started now)
- Rögtön hozom a pezsgőt. (nagyon gyorsan, a közeli jövőben)
  I'm bringing the champagne in a minute. (in the near future, very fast)
  Rögtön jövök! (tábla üzlet ajtaján)
  Back soon. (sign on the door of a shop)
- Mindjárt éjfél. (rövid időn belül)
  Soon it's midnight. (in a short time)

KÉSŐBB – LEGKÖZELEBB – MAJD ¦ LATER – NEXT TIME – SOMETIME (IN THE FUTURE)

- Visszahívhatlak később? Most nem érek rá.
  Can I call you back later? I'm too busy now.
- Legközelebb holnap találkozunk. (következő alkalommal)
  We'll meet next time tomorrow. (the next occasion)
- Majd hívlak! Talán már holnap. (a jövőben valamikor)
  I'll call you later. Perhaps tomorrow. (some time in the future)

HOL LEHET A SZEMÜVEGEM?

Lássuk csak! Emlékszem, *utoljára* itt láttam, az asztalon... Vagy mégsem... *Múltkor* a polcon hagytam. De most nincs ott, már többször megnéztem. *Régen* mindig ugyanott tartottam. Most is így lesz, az íróasztalra fogom tenni, az lesz a helye, és akkor *legközelebb* könnyebben megtalálom. Most *utoljára* keresem a szemüvegemet, ez így nem mehet tovább! *Mindjárt* indulnom kell, el fogok késni, ha nem találom meg most *azonnal. Mostanában* mindig így kezdődnek a reggelek. Ezen a héten már nem *először* fordul elő, hogy nem találom. Ez nem normális, most *azonnal* meg kell találnom! Még meg sem fésülködtem. *Majd később*, most nem érek rá! De ha már úgyis itt vagyok a tükör előtt, mégis megfésülködöm. Sietnem kell. Mi ez a fejemen? Hopp, leesik! Jaj, ne! Már *megint* végig itt volt a fejemen a szemüvegem?

MINISZÓTÁR

elkésik: be late
előfordul: happen
Ez így nem mehet tovább!: It can't go on like this
hagy (valamit valahol): leave (something somewhere)
Lássuk csak!: Let's see!
mégis: still
mégsem: not ... anyway
siet: hurry
végig: all along the way / until the end

1. Igaz vagy hamis?

1. A polcon még nem kereste a szemüvegét. IGAZ HAMIS
2. Nem ez az első alkalom, hogy nem találja a szemüvegét. IGAZ HAMIS
3. Biztosan el fog késni. IGAZ HAMIS
4. A szemüvege a tükör előtt volt. IGAZ HAMIS

2. Melyik szó helyes?

0. Mi van kiírva az üzlet ajtajára? – Mostanában / Rögtön jövök!

1. Mit kérdez a kisgyerek a nagymamától? – Mikor jössz legközelebb / múltkor?
2. Mit szoktak mondani az idősek? – Régen / Rögtön minden jobb volt.
3. Mit kérdez a bankrabló a pénztárostól? – Legközelebb / Utoljára kérdezem: hol van a széf?
4. Mit tesz az autós, ha balesetet lát? – Azonnal / Majd hívja a mentőket.
5. Mit mond a fiú a lánynak az első randevú végén? – Majd / Múltkor hívlak!

3. Nem elég okos a mobilunk... Melyik szót írtuk rosszul?

0. Kellbegezöb visszahozom a könyvedet, bocs még egyszer! – *legközelebb*

1. Most nem érek rá beszélni, de bősbék felhívlak. – ....
2. Ma beszéltem veled ulojárat, te nem vagy normális! – ....
3. Már trájdnim ott vagyok. – ....
4. Genré találkoztunk. Mi van veled? – ....
5. Töngör küldöm a fotókat! – ....
6. Hívlak dajm, ha hazaértem. – ....

4. Egészítse ki a mondatokat!

~~utoljára~~ ▪ azonnal ▪ majd legközelebb ▪ mostanában ▪ régen ▪ régen ▪ utoljára

Emese: Mikor voltál *utoljára* (0.) színházban?
Csaba: Hú, hát már .... (1.) voltam. .... (2.) talán tavaly tavasszal.
Emese: Már nem szeretsz színházba járni?
Csaba: De szeretek. .... (3.) sokat jártam, de .... (4.) nincs időm. Miért kérdezed?
Emese: Mert a barátnőm lemondta a vasárnapi színházat, és .... (5.) rád gondoltam. Eljössz velem?
Csaba: Sajnos nem jó a vasárnap, már van programom.
Emese: Oké, semmi baj. .... (6.)!

5. **Hasonló szavak. Írja be a szavakat a megfelelő helyre!**

~~utoljára~~ ▪ először ▪ mostanában ▪ múltkor ▪ régen

0. az utolsó alkalommal = *utoljára*
1. a régi időkben = ...
2. például múlt héten = ...
3. az első alkalommal = ...
4. most, a napokban = ...

6. **Volt egy jó barátnőm... Melyik a jó megoldás?**

Régen (0.) nagyon jó barátnők voltunk. Az egyetemen találkoztunk .... (1.), és .... (2.) jó barátnők lettünk. Ha történt velünk valami fontos, akkor .... (3.) megbeszéltük. Azután én eljöttem Magyarországra dolgozni, és .... (4.) már alig beszélünk. .... (5.) felhívtam. Azt mondta, hogy .... (6.) visszahív, de csak hétvégén hívott fel. .... (7.) már e-mailt írtam neki, de csak egy rövid választ kaptam, hogy .... (8.) ír, ha lesz ideje. Már nem is emlékszem, hogy .... (9.) mikor beszélgettünk egy jót. És azt sem tudom, ... (10.) mikor találkozunk. Az is lehet, hogy soha. Talán .... (11.) ha hazamegyek, könnyebb lesz megbeszélni egy találkozót.

0. a) Mindjárt	b) Múltkor	c) Régen (bekarikázva)
1. a) először	b) majd	c) mindjárt
2. a) azonnal	b) múltkor	c) régen
3. a) azonnal	b) legközelebb	c) utoljára
4. a) majd	b) mostanában	c) régen
5. a) Majd	b) Mindjárt	c) Múltkor
6. a) régen	b) tíz perc múlva	c) utoljára
7. a) Múltkor	b) Először	c) Legközelebb
8. a) először	b) majd	c) régen
9. a) azonnal	b) mindjárt	c) utoljára
10. a) legközelebb	b) mindjárt	c) utoljára
11. a) mindjárt	b) majd	c) múltkor

7. **Kérdezzen az aláhúzott mondatrészekre!**

0. *Mikor hívsz?* – <u>Később</u> hívlak!
1. ....? – Most nem érek rá, <u>mert indulnom kell</u>.
2. ....? – Először <u>a bankba</u> megyek, utána a postára.
3. ....? – Majd találkozunk <u>később</u>, most dolgoznom kell.
4. ....? – Láttalak múltkor <u>az utcán</u>, de nem tudtam köszönni neked, mert messze voltál.
5. ....? – Mostanában sokat <u>sportolok</u>.
6. ....? – <u>Régen</u> találkoztam Évával, örülök, hogy láttam.

20. MÁR, MÉG

MÉG EGY ONE MORE, ONCE MORE	MÁR ALREADY
1. Kérhetek még egy sütit? (hozzáadódik az eddigiekhez) Can I have one more cookie? (it adds to the previous ones) 2. Megpróbálhatom még egyszer? (hozzáadódik az eddigiekhez, további, plusz alkalom) Can I try it once more? (it adds to the previous occasion, a further occasion)	1. Már megettél három sütit. Elég lesz! (túl sok valamiből) You have already eaten three cookies. It's enough. (too many/much of something) 2. Már többször (is) megpróbáltam, mégsem sikerül. (túl sok alkalom valamiből) I've already tried it several times but I can't succeed.(too many occasions)

MÉG (NEM) (jelen pillanatig nem jött létre) **(NOT) YET (something has not happened until now)**	**MÁR (NEM)** (valami befejezett, megtörtént, elmúlt) **ALREADY (NOT) (something has ended, has happened, is over)**
1. Még csinálom. Még nem tudom. Még nem értem. (nem sikerült befejezni valamit) I'm still doing it. I don't know yet. I still don't understand it. (somebody has failed to finish something)	1. Már megcsináltam. Már tudom. Már értem. (sikerült befejezni valamit) I've already done it. Now I know. Now I understand. (somebody has managed to finish something)
2. Ő még nincs 18 éves. Még nincs 8 óra? (kevesebb a becsültnél) She isn't 18 yet. Isn't it 8 o'colck yet? (less than estimated)	2. Ő már elmúlt 18 éves. Már 8 óra? (több a becsültnél, vártnál) She is already past 18. Is it already 8 o'clock? (more than estimated, expected)
3. Még (soha) nem voltál Londonban? (valami mostanáig nem történt meg) You have never been to London, have you? (something has not happened until now)	3. Voltál már (valaha) Londonban? (valami mostanáig megtörtént vagy sem) Have you ever been to London? (something has or has not happened until now)

4. Még nem járok balettra. (mostanáig nem, de tervezem)
   I haven't started my ballet course yet. (not yet but I am plannig to do it)
5. Jövök, csak még felveszem a kabátomat. (gyorsan elvégzek valamit)
   I'm coming, I will just put on my coat. (I will do something quickly)

4. Már nem járok balettra. (valamit abbahagytam)
   I don't go to ballet classes any longer. (I gave up doing something)
6. Gyere már! Mindenki rád vár. (sürgetés, türelmetlenség)
   Come now! Everybody is waiting for you. (urging somebody, impatience)

MÉG MINDIG (NEM)
STILL, STILL NOT

1. Még mindig tart a koncert? Nagyon hosszú. (a vártnál tovább tart egy cselekvés)
   Is the concert still on? It's very long. (an activity lasts longer than expected)
2. Még mindig nem csináltad meg? Sosem fogsz végezni. (egy régóta várt cselekvés nem következik be)
   Haven't you done it yet? You're never going to finish. (something which has been expected for a long time is not happening)

MÁR MEGINT
AGAIN

Már megint esik az eső. (valami ismét megtörténik)
It's raining again. (something happens again)

Már megint elkéstél! (valami ismét megtörténik)
You're late again. (something happens again)

ETTÉL MÁR KROKODILT?

Jenő és Marci szomszédok. Jenő élete izgalmas: sokat utazik. Marci élete elég unalmas. Reggeltől estig dolgozik egy irodában. Egy este találkoznak a lépcsőházban.

Marci: Szia, Jenő! Hol voltál *már megint?* Nem láttalak *már* legalább két hete.
Jenő: Szia, Marci! Peruban voltam. *Már* nem először, és valószínűleg megyek *még* többször is.
Marci: Szóval *még mindig* sokat utazol.
Jenő: Igen, de *már* nem bírom úgy, mint régen. Nagyon fárasztó.
Marci: Sajnos én *még sosem* voltam Peruban. Mesélj! Milyen?
Jenő: Gyönyörű és félelmetes is. Nekem nagyon tetszett. Voltam a dzsungelben is.
Marci: De jó neked! Én *még sosem* voltam. Láttál krokodilokat is?
Jenő: Igen, *már* sokszor láttam, és most ettem is.
Marci: Krokodilt? Tényleg? Hihetetlen! És mit láttál *még?*
Jenő: Ami *még* nagyon érdekes volt... De miért állunk *még* mindig itt a folyosón? Gyere, igyunk egy sört!
Marci: Nem lehet, holnapra *még* meg kell csinálnom valamit.
Jenő: Na, gyere *már!* Ne keresd magad! A munka megvár.

MINISZÓTÁR

A munka megvár.: You can take your time with your work.
fárasztó: tiring
félelmetes: fearful
folyosó: corridor
gyönyörű: wonderful
hihetetlen: incredible
legalább: at least
lépcsőház: stairway
Ne keresd magad!: Come on, just do it!

1. Igaz vagy hamis?

1. Jenő még nem volt Peruban.	IGAZ	HAMIS
2. Jenő később még szeretne visszamenni Peruba.	IGAZ	HAMIS
3. Marcit érdeklik Jenő élményei.	IGAZ	HAMIS
4. Jenő szívesen mesél Marcinak.	IGAZ	HAMIS

2. *Már* vagy *még?* Mit mondunk ebédnél?

0. Kérsz *még* levest?

1. Én .... jóllaktam.
2. .... nem tudok többet enni. Köszönöm!
3. Én .... tudok enni. Kérek .... egy kis krumplit!
4. Kérsz .... palacsintát? – Nem, ... nem vagyok éhes, elég volt. Köszönöm!
5. Kaphatok .... egy kis rizst? – Persze, tessék! Van .... hús is, azt nem kérsz?
6. Van .... egy kis gomba? – Szerintem .... nincs, mindet megettük.

3. Egészítse ki a mondatokat! *Már* vagy *még?*

0. Elmegyünk *még* egyszer a körúti kávézóba?

1. Ott .... többször voltunk. Most inkább menjünk máshová!
2. Kérhetek .... egy kis időt? .... nem vagyok kész.
3. Sajnos .... nem tudok tovább várni.
4. Nem emlékszem, ... elfelejtettem.
5. Tudom ....! Végre eszembe jutott, hogy mit akartam mondani.

4. *Még* vagy *már?* Mikor mit mond Péter? Egészítse ki a mondatokat!

0. 7:45 *Még* itthon vagyok. 7:50 *Már nem* leszek itthon.

1. 8:15 .... nem vagyok az irodában. 8:28 .... az irodában vagyok.
2. 10:00 .... nem vagyok éhes. 11:00 .... éhes vagyok.
3. Ebéd után 12:50 .... nem vagyok éhes.
4. 13:00 .... fáradt vagyok
5. 14:00 .... nem mehetek haza.
6. 15:00 .... két óra van a munkaidőből.
7. 17:01 .... nem vagyok az irodában.

5. Egészítse ki a mondatokat! *Még* vagy *már?*

0. *Még* nem voltam Hollandiában, de *már* nagyon szeretnék elmenni.

1. .... csak november közepe van, messze van .... a karácsony.
2. .... december 28-a van. .... csak négy nap van újévig.
3. .... soha nem láttam krokodilt, pedig .... többször jártam állatkertben.
4. .... többször voltam Angliában, de a királynővel .... soha nem találkoztam.

5. Sajnos .... nem találtam meg a könyvedet, pedig .... mindenhol kerestem.
6. A főnök .... nem tudja, hogy májustól .... nem dolgozom itt.

6. Kati és a nővére. *Már* vagy *még?* Egészítse ki a mondatokat!

0. Kati *még* csak tizenhat éves, a nővére *már* húszéves.

1. Kati .... gimnáziumba jár, a nővére pedig .... egyetemista Debrecenben.
2. Kati .... jól tud angolul, a nővére is.
3. Katinak .... nincs autója, a nővérének .... van egy Suzukija.
4. Katinak .... van barátja, de a nővérének .... nincs.
5. Kati .... otthon él a szüleivel, a nővére viszont .... elköltözött: albérletben lakik Debrecenben.
6. Kati .... dolgozott nyáron egy cukrászdában, a nővére .... soha nem dolgozott.
7. Kati .... nem volt Olaszországban, a nővére .... járt Rómában.

7. Siess már! Válaszoljon a megadott szavakkal teljes mondattal!

0. Siess már! (megkeres, a szemüveg) – *Sietek (már), csak (még) megkeresem a szemüvegemet.*

1. Gyere már! (felvesz, a kabát) ....
2. Ülj már le! (behoz, a süti) ....
3. Segíts már! (megír, egy sms) ....
4. Csináld már! (megiszik, a tea) ....
5. Hozd már ide a tányérokat! (elolvas, egy e-mail) ....
....
6. Mutasd már meg a levelet! (befejez, az ebéd) ....
....
7. Menj már tanulni! (megnéz egy részt a sorozatból) ....
....

8. Ki mi miatt bosszankodik? Egészítse ki a mondatokat! *(még mindig – már megint)*

0. Tanár: Józsika, *már megint* nincs kész a házi feladatod? A héten ez már a harmadik alkalom.

1. A barát, aki régóta vár: .... elfelejtetted, hogy hánykor találkozunk?
2. A szülők: Zsófi hét éve jár egyetemre, és .... nincs diplomája.
3. A fociszurkoló: Tegnap .... nem nyert a csapat. Így nem leszünk bajnokok.
4. A kolléganők: Nézd! Éva .... a lila miniszoknyáját vette fel.
5. A barát: Andrásék két éve házasok, és .... nincs kész az esküvői fotóalbumuk.
6. A lánytestvér: Az öcsém harmincéves, és .... nem tud megfőzni egy ebédet.

9. **Mondja az ellentétét!** ***(már nem, már nincs, még nem, még nincs)***

0. Reggel még álmos vagyok, délután *már nem* vagyok álmos.

1. Elkezdődött már a meccs? – Nem, ...
2. Nézed még a spanyol sorozatot? – Nem, ...
3. Van már jogosítványod? – Nem, ...
4. Zoli tizenkét évesen még szeretett legózni. Tizenhat évesen ...
5. Most már fáradt vagy, ugye? – Nem, ...
6. Régen volt kutyánk, de ...
7. Vége van már a filmnek? – Nem, ...
8. Találkoztál már az új szomszéddal? – Nem, ...
9. Van még friss eper? – Nem, ...

10. **Az orvos kérdez, a beteg válaszol. Válaszoljon állító (+) vagy tagadó (–) mondatokkal!**

0. Orvos: Tüsszög még? (–) Köhög még? (+)
Beteg: *Már nem tüsszögök, de még köhögök.*

1. Orvos: Fáj még a feje? (+) És a háta? (–)
Beteg: A fejem ..., de ...
2. Orvos: Folyik még az orra? (+) Fáj még a hasa? (–)
Beteg: ..., de ...
3. Orvos: Van még gyógyszere? (–) És vitaminja? (+)
Beteg: ..., de ...
4. Orvos: Tud már aludni? (–) És enni? (+)
Beteg: ..., de ...
5. Orvos: Tegnap még volt láza? (+) És ma? (–)
Beteg: Tegnap ..., de ...

11. **És ön? Olvassa el az alábbi mondatokat, és írjon magáról az említett témákban!**

Joe már két éve él Magyarországon. Már megkóstolt sok magyar ételt és italt. Evett már lángost, kürtőskalácsot, Túró Rudit, ivott pálinkát. Még nem utazott sokat az országban, de volt már Pécsen és Sopronban. Romkocsmában még nem járt, és a Sziget fesztiválon sem volt még.

Én még csak egy éve élek Magyarországon. ...

...

...

...

...

...

...

21. HA – AKKOR, NEM – HANEM, HOGY, -E, AKI, AMI

Kötőszóink használatában a legfőbb nehézség a többféle alak helyes alkalmazása. A *de* a *hanem*mel, a *ha* az *amikor*ral téveszthető össze.

When using conjunctions the main difficulty we face is to use the different forms properly. *De* can be mixed up with *hanem* and *ha* with *amikor*. The usage of *hogy* is also different in other languages, so it needs practicing to master it.

HA (– AKKOR) ¦ IF – (THEN)

Logikai kapcsolat van két állítás között.
There is a logical relation between two statements

- *Ha* holnap esni fog, *(akkor)* nem megyünk kirándulni.
  If it rains tomorrow, *(then)* we won't go on an excursion.
- *Ha* holnap szép idő lesz, *(akkor)* elmegyünk kirándulni.
  If it is a nice day tomorrow, *(then)* we'll go on an excursion.
- *(Akkor)* megyünk holnap kirándulni, *ha* szép idő lesz.
  We'll go on an excursion tomorrow *only if* it is a nice day.

Az *akkor* utalószó minden esetben elhagyható a mondatból, a *ha* soha nem.
Akkor can always be left out of the sentence but *ha* never.

FIGYELEM! – N.B.

Az *amikor* és a *ha* kötőszavak sokszor használhatók egymás helyett.
The words *amikor* (when) and *ha* (if) can often be used interchangeably.

- Ha/Amikor fáradt vagyok, többet eszem. If/When I'm tired, I eat more.

Logikai kapcsolatoknál azonban csak a *ha* használható.
Only *ha* (if) can be used for logical connections.

- Ha egy liter tej 200 forint, akkor két liter tej 400 forint.
  If one litre of milk costs 200 forints, then two litres of milk cost 400 forints.

Idő, időpont csak az *amikor* szóval fejezhető ki.
Only *amikor* (when) can be used for times.

- Amikor gyerek voltam, a tej csak 50 forintba került.
  When I was a child, a litre of milk cost only 50 forints.

DE, NEM – HANEM ¦ BUT / NOT ..., BUT

1. Elment a boltba, *de* nem vett semmit. (ellentét)
   He went to the shop but he didn't buy anything. (contrast)
2. *Nem* Bukarestbe utazom, *hanem* Budapestre. (egy tagadó mondatot pontosítunk, megadjuk a helyes információt)
   I'm not travelling to Bucharest but to Budapest. (we correct a negative sentence and give the right information)

HOGY, HOGY ...-E ¦ THAT, IF

1. Mellékmondat kapcsolódik hozzá.
   It is followed by a clause.
   - Kata jön a koncertre. – De jó, hogy jön!
     Kata is coming to the concert. – It's great that she's coming!
2. A főmondatot az *Az a/az* + melléknév alkothatja, utána a *hogy* vezeti be a mellékmondatot.
   The main clause consists of *Az a/az* + adjective, and the dependent clause starts with *hogy* (that).
   - Az a jó, hogy..., Az a rossz, hogy..., Az a vicces, hogy...
     It's good that..., It's bad that..., It's funny that...
3. Kérdőszavas mellékmondatoknál a *hogy* kötőszó elvileg elhagyható, mégis gyakran szerepel a mondatban.
   If a dependent clause begins with a question word the conjunction *hogy* (that) can be omitted in theory, nevertheless, it is often used.
   - Mikor jön Kata? – Nem tudom, (hogy) mikor jön.
     When is Kati coming? – I don't know when she's coming.
4. Eldöntendő kérdésnél, azaz ha nincs kérdőszó, a mondat állítmányához csatoljuk az *-e* szócskát.
   In yes-no questions if there is no question word, the suffix -e is attached to the verb of the sentence.
   - Jön Kata a koncertre? – Nem tudom, hogy jön-e.
     Is Kati coming to the concert? – I don't know whether she's coming or not.
   - Kata még beteg? – Nem tudom, hogy Kata beteg-e még.
     Is Kata still ill? – I don't know if Kata is still ill or not.

FIGYELEM! – N.B.

A *szerintem* szó után nem állhat *hogy*. Mondhatjuk azonban: Azt hiszem, hogy..., Gondolom, hogy...
Szerintem cannot be followed by *hogy*. But you can say *Azt hiszem, hogy...*, and *Gondolom, hogy...* (I think that...)
- Szerintem mindent értek. = Azt hiszem, hogy mindent értek. I think I understand everything.

AKI, AMI ¦ WHO, WHICH

A kérdőszók vonatkozói névmási kötőszókká alakíthatók: ki? – aki, mit? – amit, hol? – ahol, mikor? – amikor stb.
Question words can be transferred to linking words with adding an „a-".
- Ki jön a kirándulásra? – Mindenki jöhet, *aki* akar.
  Who is coming to the trip? – Everyone can come, *who*(ever) wants.
- Hol találkozunk? – Ott találkozunk, *ahol* akarod.
  Where are we meeting? – We can meet *where* you want.

A JÓSNŐNÉL

Nő: Én nagyon boldog vagyok a párommal. Tessék, mutatok róla egy fotót is. *Ő az, akivel* most együtt élek. *Azt szeretném tudni, hogy* ez így *marad-e.*

Jósnő: Hmmm, hmmm... Én úgy látom, hogy nem. A jóslatom szerint hét-nyolc év múlva ön már egy másik férfival lesz együtt.

Nő: Micsoda? Nem értem, *hogy miért.*

Jósnő: Hölgyem, én azt sajnos *nem tudom, hogy* mi miért történik. Én csak azt *látom, hogy* mi lesz.

Nő: És azt is *látja, hogy* kivel leszek együtt?

Jósnő: Csak annyit *látok, hogy nem* egy szőke, *hanem* egy barna hajú férfival *van, aki* egyébként nagyon jóképű.

Nő: Barna? És ismerem őt?

Jósnő: Azt sajnos nem tudom *megmondani, hogy ismeri-e,* de azt *látom, hogy* nagyon boldogok.

Nő: És azt is *látja, hogy van-e* gyerekem?

Jósnő: Látok önök mellett két kisgyereket is, igen.

Nő: És a mostani párom hol van? Róla mit tud mondani?

Jósnő: Sajnos semmit. Róla csak *akkor* tudok bármit mondani, *ha* ő is eljön hozzám. Holnap esetleg? Fél négykor még van szabad időpontom.

MINISZÓTÁR

egyébként: otherwise
esetleg: maybe
jóképű: handsome
jóslat: prediction
jósnő: fortuneteller
mostani: current

1. Válaszoljon a kérdésekre a szöveg alapján!

1. Mit szeretne megtudni a nő a jósnőtől?

   ....

2. Mit lát a jósnő a nő párjával kapcsolatban?

   ....

3. Mit nem tud megmondani a jósnő?

   ....

4. Mikor tud többet mondani a jósnő a nő mostani párjáról?

   ....

2. A tanárnő beteg. *De* vagy *hanem?* Egészítse ki a mondatokat!

Kedves diákok! Ezen a héten nem szerdán lesz a magyaróra, *hanem* (0.) csütörtökön.

Az óra nem 17 órakor kezdődik, ... (1.) 17.15-kor. Sajnos nem én tartom az órát, ... (2.) az egyik kollégám. Sajnálom, hogy nem tudok menni, ... (3.) beteg lettem, influenzás vagyok. A héten nem dolgozom, ... (4.) jövő héten már újra én leszek önökkel. A csütörtöki óra nem a 6-os teremben lesz, ... (5.) a 9-esben.

3. Írja be a *ha – akkor,* illetve a *nem – hanem* kötőszópárokat a mondatokba!

0. *Ha* jó idő lesz, *akkor* elmegyünk kirándulni.

1. .... táncolni megyek ma, ... filmet nézek itthon.
2. .... holnap, ... holnapután utazom Rómába.
3. .... segítesz, ... gyorsabban készen leszek.
4. .... elmész a fogorvoshoz, ... nem fog fájni a fogad.
5. .... lesz időm, ... elmegyek veled vásárolni.
6. .... az ellenőrt kellett volna szidnod, ... venned kellett volna bérletet.
7. .... időben jött volna a szerelő, ... nem késtem volna el az edzésről.

4. Melyik szó helyes?

0. Szeretem a tejet, de / hanem most nem kérek.

1. A főnököm azt kérdezte, hogy / ha elmegyek-e vele a konferenciára.
2. Van itt valami, mit / amit nem értek.
3. Nem ezt a telefont szeretném megvenni, de / hanem azt a másikat.
4. Ő az a lány, aki / ami tetszik neked?
5. Szívesen elmegyek veled kirándulni, hogy / ha jó lesz az idő.
6. Voltam egy kávézóban, hol / ahol macskák aludtak az asztalokon.
7. Mikor találkozunk? – Felhívlak, akkor / amikor végeztem.
8. Elnézést, én nem teát kértem, de / hanem kávét.
9. Nem tudtam, hogy / ha mikor kezdődik az óra.
10. Nem tudtam, hogy / ha te is jössz a vidámparkba.

5. **Elmegyek az orvoshoz. Egészítse ki a mondatokat a megfelelő kötőszóval *(ha, akkor, amikor)*!**

0. *Ha* még este is köhögni fogok, *akkor* holnap elmegyek az orvoshoz.

1. Este megnézem, mikor rendel az orvos, és .... holnap délelőtt rendel, ... már reggel 8-ra odamegyek.
2. .... felír valamilyen gyógyszert, ... azt meg is veszem a gyógyszertárban.
3. Ritkán vagyok beteg. Utoljára akkor voltam orvosnál, ... influenzás voltam.
4. Nyáron néhány napig fájt a hasam, ... Rómában voltam.
5. Persze hogy pont .... nem tudtam rendesen enni, ... végre elutaztam valahová.

6. **Alkosson mondatokat a *nem – hanem* használatával!**

0. (én) kér, nem alma, körte – *Nem almát kérek, hanem körtét.*

1. (mi) szeretne, utazik, nem Görögország, Spanyolország

   ....

2. (ők) akar, tanul, nem japán, magyar

   ....

3. a barátom, rendel, nem kávé, tea

   ....

4. (mi) találkozik, nem 8-kor, 9-kor

   ....

5. ez, nem hal, csirke

   ....

7. **Írja be a megfelelő szót a mondatokba!**

~~aki~~ ▪ ahol ▪ ahová ▪ aki ▪ akinek ▪ akivel ▪ ami ▪ amit ▪ amivel ▪ amikor ▪ ahonnan ▪ bárki

0. Ki az a lány, *aki* ott áll egyedül?

1. Mi az, ... ott repül?
2. Kata is onnan jött, ... én.
3. Hol van az a kávézó, ... azt a finom kávét ittuk?
4. Mikor is volt, ... utoljára találkoztunk?
5. Kivel beszélgettél? – Azzal a lánnyal, ... a koncerten találkoztunk.
6. Hová megyünk? – Nekem mindegy, ... te szeretnél.
7. .... késik, az nem jöhet be az előadásra, csak a szünet után.
8. .... jöhet a buliba, ... csak kedve van.
9. Mi az, ... eszel?
10. Ez az a toll, ... a levelet írtad?

8. Ki kicsoda? Melyik szó hiányzik? Egészítse ki a mondatokat!

~~aki~~ ▪ ahol ▪ akik ▪ akinél ▪ akivel

Nóri: Kösz, hogy meghívtál a szülinapodra, de én nem ismerek itt senkit. Elmondod, hogy ki kicsoda?

Zsófi: Persze. Figyelj! Ott áll az a fiú, *aki* (0.) két szendvicset eszik egyszerre. Ő a húgom legjobb barátja. Mellette áll a legjobb barátnőm. Ő az a szőke lány, ... (1.) a fiú beszélgetni próbál. Itt vannak az unokatestvéreim is. Ők azok a fiúk az ablaknál, ... (2.) most hangosan nevetnek. Mellettük ül egy régi barátnőm, az a vörös hajú lány, ... (3.) az üres borosüveg van. Ő is ott tanul, ... (4.) én. Gyere, nézzük meg, kik vannak a konyhában és az erkélyen!

9. Nosztalgia. Válassza ki a helyes megoldást!

Hétvégén elmentünk a feleségemmel Pécsre, *ahol* (0.) húsz évvel ezelőtt egyetemisták voltunk. Már első este összetalálkoztunk egy régi tanárunkkal, ... (1.) régen nem volt túl szimpatikus nekünk. A városban természetesen nem találtunk meg minden helyet, ... (2.) régen jártunk. Bezárt például az a cukrászda, ... (3.) először randevúztunk. Most egy bank van a helyén. A kedvenc parkunk sincs meg, ... (4.) sokat sétáltunk. Ott lakópark épült. Volt egy kis kocsma is, ... (5.) gyakran jártunk. Ott most egy elegáns étterem van. Arra már nem emlékeztünk, hogy .... (6.) találkoztunk először. De megtaláltuk azt a házat, ... (7.) együtt laktunk, és találkoztunk két régi csoporttársunkkal is, ... (8.) már húsz éve nem láttunk.

0. a) hol	(b)) ahol	c) ahonnan
1. a) ki	b) aki	c) ahol
2. a) hová	b) ahová	c) honnan
3. a) hol	b) ahol	c) hová
4. a) hol	b) ahol	c) ahonnan
5. a) hová	b) ahová	c) honnan
6. a) hol	b) ahol	c) hová
7. a) hol	b) ahol	c) ahová
8. a) kik	b) kiket	c) akiket

10. Közlekedünk. Egészítse ki a kérdéseket!

0. Azt szeretném kérdezni, *hogy dohányozhatok-e a megállóban.*
   (Dohányozhatok a megállóban?)
1. Elnézést, meg tudná mondani, ...
   (Hol lehet átszállni a metróra?)
2. Meg tudja mondani, ...
   (Hol lehet buszjegyet venni?)

3. Nem tudom pontosan, ...
(Mikor kell leszállnom?)
4. Bocsánat, nem tudja véletlenül, ...
(Megáll ez a busz a Kossuth térnél?)

11. Tudod már? Egészítse ki a párbeszédet!

Anna: Tudod már, hogy hol (0.) tartod a szülinapi bulidat? Nekem nagyon tetszett az a klub, ... (1.) tavaly voltunk.	a) hogy hol b) ahol c) ha a) hogy hol b) ahol c) hol
Éva: Szerintem is jó volt, de most nem oda megyünk, ... (2.) a Mixbe.	a) de b) hanem c) ahol
Anna: Mix, Mix... Ez az a klub, ... (3.) régen sokat jártunk együtt? A Kossuth téren?	a) hogy hová b) hová c) ahová
Éva: Igen, jól emlékszel, sokat jártunk oda, de nem a Kossuth téren van, ... (4.) a Petőfi utcában. .... (5.) legutóbb ott voltam, megkérdeztem őket, ... (6.) náluk bulit tartani, és azt mondták, ... (7.) persze. Sőt, ... (8.) szeretném, akkor megkapom az emeleti részt is.	a) de b) hanem c) ha a) Amikor b) Hogy amikor c) Ha a) hogy lehet b) hogy lehet-e c) ha lehet a) hanem b) ha c) hogy a) ha b) hogy c) hanem
Anna: És már eldöntötted, ... (9.) embert fogsz meghívni?	a) ha b) hogy c) hogy hány
Éva: Tíz-tizenöt embert szeretnék meghívni, ... (10.) tényleg a barátaim. Persze nem tudom, ... (11.) mindenki.	a) akik b) kik c) hogy kik a) ha ráér b) hogy ráér c) hogy ráér-e
Anna: És azt már tudod, ... (12.) kapsz ajándékba?	a) ha mit b) hogy c) hogy mit
Éva: Nem tudom, de mindenkinek azt írtam, ... (13.) nem az ajándék a fontos, ... (14.) hogy együtt legyünk.	a) ami b) ha c) hogy a) de b) hanem c) amikor

12. Egészítse ki az *-e* kérdőszóval az igéket, ha szükséges!

Új telefont veszek. De nem tudom,

- hogy előfizetéssel mennyibe fog—. (0.) kerülni,
- hogy kapok...... (1.) hozzá fülhallgatót,
- hogy hány óráig tudom...... (2.) használni...... (3.) töltés nélkül,
- hogy lesz...... (4.) a dobozban gyorstöltő,
- hogy adnak...... (5.) hozzá kábelt, és
- hogy tudok...... (6.) majd venni...... (7.) hozzá szép tokot.

13. **Milyen Magyarország? Írja a megfelelő helyre, hogy mire kíváncsi Tom!**

Tom most költözött Magyarországra. Már sok mindent olvasott és hallott a magyarokról. Sok mindenre kíváncsi.

- Könnyű lesz megtanulni magyarul?
- A magyarok tényleg sok levest esznek?
- Milyen a lángos és a gulyás?
- Mi fog a legjobban tetszeni?
- A magyarok valóban barátságosak?
- A magyar nők igazán olyan szépek?
- Hol fog tudni úszni?
- Hogyan ünneplik a magyarok a karácsonyt?
- A magyarok koccintanak sörrel?

1. Tom arra kíváncsi,
   hogy *milyen a lángos és a gulyás.*
   hogy ....
   hogy ....
   hogy ....

2. Tom arra is kíváncsi,
   hogy *könnyű lesz-e megtanulni magyarul.*
   hogy ....-e ....
   hogy ....-e ....
   hogy ....-e ....
   hogy ....-e ....

14. **Írja le, hogy ön mire (volt) kíváncsi Magyarországgal és a magyarokkal kapcsolatban!**

Kíváncsi voltam/vagyok arra, hogy
....
....
....

Szeretném/Szerettem volna tudni, hogy
....
....
....

Még mindig nagyon érdekel, hogy
....
....
....

22. KEZD, KEZDŐDIK, BEFEJEZ, BEFEJEZŐDIK, VÉGE

A magyarban külön igével jelöljük, ha valaki *elkezd/befejez* valamit, illetve ha valami *elkezdődik/befejeződik*.

In Hungarian we use different verbs when we want to say that somebody starts/finishes something and something starts/finishes.

(EL)KEZD – (EL)KEZDŐDIK ¦ START

(valaki) (el)kezd (valamit) – (valami) (el)kezdődik
(somebody) starts (something) – (something) starts

- Hány évesen kezdted (el) az egyetemet? Hány évesen kezdtél (el) dolgozni?
  How old were you when you started university? And how old were you when you started working?
- A meccs 6-kor kezdődött. The match started at 6.
- Végre elkezdődött a meccs! (egy várt, meghatározott esemény elindul, kezdetét veszi)
  The match has started at last. (a specific, planned activity has started, commenced)

BEFEJEZ – BEFEJEZŐDIK ¦ FINISH

(valaki) befejez (valamit) – (valami) befejeződik
(somebody) finishes (something) – (something) finishes, comes to an end

- Mikor fejezed be a festést? When will you finish painting?
- Mikor fejeződik be a festés? When will painting be finished?

VÉGEZ – VÉGE VAN ¦ FINISH / COMPLETE

(valaki) végez (valamivel) – (valaminek) vége van
(somebody) finish/complete (something) – (something) comes to the end

- Mikor végzel a munkával? When will you finish the job?
- Mikor van vége a munkának? When will the job be finished?

(EL)INDUL – MEGÉRKEZIK ¦ LEAVE – ARRIVE

(valaki, valami) (el)indul – megérkezik (valahonnan valahová)
(somebody, something) leaves – arrives (from somewhere at/in somewhere)

- A buszunk 8-kor indul Budapestről, és 11-kor érkezik meg Bécsbe.
  Our coach leaves Budapest at 8 and arrives in Vienna at 11.

KÉSZ / KÉSZEN (VAN) ¦ BE READY

(valaki) kész/készen van (valamivel) – (valami) kész/készen van
(somebody) is ready (with something) – (something) is ready

- Kész(en) vagyok a munkával. I'm ready with my work.
- Kész(en) van a munka. Kész a munka. Work is finished.

FIGYELEM! – N.B.

A *befejez valamit, végez valamivel* igéket nem követheti másik ige.
The following verbs *befejez valamit, végez valamivel* cannot be followed by another verb.

ÖSSZEFOGLALÁS ¦ SUMMARY

valaki kezd/befejez valamit somebody starts/finishes something	**valami kezdődik/befejeződik** something starts/finishes
kezd	kezdődik
befejez	befejeződik
végez valamivel	vége van valaminek
kész/készen van valamivel	kész/készen van

MIKOR LESZ VÉGE?

Lány: Anyu, nagyon szeretnék elmenni erre a koncertre!

Anya: Már *megint kezded*, kislányom? Nem túl jó ötlet ez a koncert. Messze van, biztosan sokáig tart, és holnap korán *indulunk* a Balatonra. Tudod, hogy még délelőtt oda kell érnünk a szállásra.

Lány: Ez a koncert nem tart sokáig. Itt van a program: nyolckor *kezdődik,* és tízkor már *vége* is *van.*

Anya: Kislányom, nyolckor egyetlen zenekar sem *kezdi el* a koncertjét. Így nem is *fog befejeződni* tízkor.

Lány: De biztosan *elkezdik* nyolckor, mert tízkor *be kell fejezniük.* Tíz óra után nem lehet szabadtéri koncertet adni. Két héttel ezelőtt is *befejezték.*

Anya: Jó, és ha negyed tizenegykor *befejeződik*, te mikorra érsz haza? Gondolom, ha a koncertnek *vége lesz*, nem akarsz azonnal hazarohanni.

Lány: Nem, egy kicsit biztosan beszélgetünk még a többiekkel. De fél tizenkettőre itthon leszek, megígérem.

MINISZÓTÁR

a többiek: the others
hazarohan: dash home
koncertet ad: give a concert
megígér: promise
szabadtéri: outdoor
szállás: accommodation

1. Válaszoljon a kérdésekre a szöveg alapján!

1. Hány órakor kezdődik a koncert? ....
2. Mikor kell odaérni a balatoni szállásra? ....
3. Hány órakor lesz vége a koncertnek? ....
4. Hány órakor lesz otthon a lány? ....

2. Szókitaláló. Melyik szót írtuk körül?

0. K-val kezdődik, három betű, és a víz színe: *kék*

1. *K*-val kezdődik, hét betű, nemzetközi szó, és zenés eseményt jelent: _ _ _ _ _ _ _
2. A vége *a,* hat betű, és itt tanulunk: _ _ _ _ _ _
3. *V*-vel kezdődik, *t*-re végződik, öt betű, és utazunk vele: _ _ _ _ _
4. *A*-val kezdődik, a vége is *a,* négy betű, egy gyümölcs neve: _ _ _ _

3. Írja be az alábbi szavakat a megfelelő helyre!

~~*a leckével*~~ ▪ a szünet ▪ a nyárnak ▪ a busz ▪ a házi feladatot ▪ a híradó ▪ a takarítással ▪ a bevásárlással ▪ a vonat ▪ a reggelit ▪ a nyaralásnak ▪ a repülőgép ▪ a munkát ▪ a hétvégének ▪ a munka ▪ a strandszezon ▪ a bajnokságnak

KÉSZ / KÉSZEN VAN, VÉGEZ	*a leckével*
VÉGE VAN	
KEZDŐDIK	
INDUL	
BEFEJEZI	

4. Melyik a helyes?

0. Olyan jó, hogy kész(en) van / (vége van) a télnek.

1. Mikor kezd / kezdődik az iskola?
2. Menjünk, mert indul / kezdődik a vonatunk!
3. Indulnunk kell! Kezd / Kezdődik az előadás.
4. Mikor lesz vége / végez a koncertnek?
5. Kész vagyok a munkámmal! Végre befejeztem / befejeződtem!
6. Meg szeretném hallgatni a híreket. Mikor indul / kezdődik a híradó?

5. Válassza ki, melyik a helyes!

0. Azt hiszem, *végeztem* ezzel a munkával.
   (a)) végeztem   b) készen van   c) befejeztem
1. Éjfélkor .... az olvasást.
   a) végeztem   b) fejeztem be   c) készen voltam
2. Szólok, ha .... a film.
   a) elkezd   b) kezd   c) kezdődik
3. .... már a meccs? Ugye még nem?
   a) Vége van   b) Elkezdődött   c) Készen van
4. ...., vége! Nem csinálom tovább!
   a) Kész   b) Kezdődik   c) Indul
5. Három éve építkeztek. Mikor lesztek már ....?
   a) készen   b) vége   c) befejeződik

6. Keresse meg a párokat!

0. *Sajnos nem mindig vagyok időben kész*
1. Sok ember január elején kezd el
2. Mindig azt hiszem, hogy gyorsan végzek
3. Elkezdődött az igazi tél:
4. Mikor érkezik meg a vonat

a) a takarítással.
b) Budapestre?
c) egész éjjel esett a hó.
d) sportolni.
e) *a munkával.*

0.	1.	2.	3.	4.
e				

7. Gyertek! Egészítse ki a mondatokat! Egy szót többször is felhasználhat.

kezdődik ▪ kezd ▪ kész/készen van ▪ vége van

0. *Gyertek, kezdődik* a meccs!
1. Gyertek az asztalhoz, apa .... az ebéddel!
2. Gyertek a nappaliba, ... a film!
3. Gyertek vissza, ... a reklámnak!
4. Gyertek vissza, ... a második félidő!
5. Gyertek be a terembe, ... a szünetnek!
6. Gyertek vissza, most .... a barátom zenekara!
7. Gyertek, gyerekek, ... az almás pite!

8. Nagyon okosakat mondunk. Melyik a helyes?

0. Ha korábban (elindulsz) / kezdődsz, akkor korábban fogsz megérkezni.

1. Ami elkezdődik, az biztosan befejeződik / kész van.
2. Könnyű valamit elkezdeni, de még könnyebb hamar befejezni / befejeződni.
3. Ha valaminek vége van, akkor valami új már elkezdett / elkezdődött.
4. Ha pontosan akarunk érkezni, akkor nem szabad későn elkezdődni / elindulni.

9. Mindenki türelmetlen. Írja be a szavakat a megfelelő helyre!

~~vége~~ ▪ ~~kezdődött~~ ▪ befejezni ▪ érkezünk meg ▪ kész ▪ kezdődik ▪ végzel ▪ indul

0. Mikor lesz már *vége* ennek a filmnek? – Ne viccelj, még csak most *kezdődött*!

1. Nem tudok tovább várni. Mikor .... már a meccs?
2. Nem érek rá, szeretném .... ezt a feladatot.
3. Mikor .... már a munkával? Mindig csak dolgozol!
4. Mikor .... már a vonat? Már tíz perce állunk itt.
5. Mikor ....? Már órák óta utazunk.
6. Sosem leszek ...., ha nem hagysz békén.

10. E-mail a kolléganőnek. Egészítse ki a párbeszédet!

11:20 Kolléga: Szia! Szerdán tudnánk korábban *kezdeni* (0.) a megbeszélést? Esetleg fél 3-kor? Sajnos negyed 4-kor .... (1.) a repülőtérre.	(a)) kezdeni b) kezdődni c) befejez a) el kell indulnom b) el kell kezdenem c) el kell kezdődnöm
11:47 Kolléganő: Van egy megbeszélésem, ami 2-kor .... (2.), és 3-kor .... (3.). De megkérdezem, hogy azt a találkozót nem tudjuk-e korábban .... (4.).	a) elindul b) kezdődik c) kezdődni a) befejez b) végez c) van vége a) elindulni b) kezdeni c) kezdődni
11:58 Kolléga: Köszönöm! Jó lenne, ha ott lehetnék a megbeszélésen. Már .... (5.) a prezentációm.	a) befejeződött b) kész van c) végeztem
11:59 Kolléganő: Rendben! Szólok, ha kaptam választ.	
14:34 Kolléganő: A másik megbeszélést csak egy kicsivel korábban tudjuk .... (6.). Így az a megbeszélés 14.45-kor .... (7.). Ha az jó neked, akkor 14.50-kor .... (8.).	a) elkezdeni b) kezdődni c) kezd a) fejeződik be b) vége van c) végez a) kezdhetünk b) kezdődhetünk c) indulhatunk
14:45 Kolléga: Jó lesz, köszönöm! Majd 15.15-kor .... (9.).	a) fejeződünk be b) fejezzük be c) kész

11. Alkosson mondatokat múlt időben a megadott szavakkal!

0. (én) tavaly, elkezd, olaszul tanul – *Tavaly elkezdtem olaszul tanulni.*
1. (te) mikor, befejez, a tanfolyam?

   ....

2. (mi) kész(en) van, a kerti munkák, már, tegnap

   ....

3. (ti) mikor, végez, a lecke?

   ....

4. a film, nyolc, kezdődik, tíz, vége van, és, már

   ....

5. (mi) busz, este kilenc, indul

   ....

12. Mondja másképp! Figyeljen az igeidőkre!

BEFEJEZ VALAMIT	VÉGEZ VALAMIVEL	VALAKI KÉSZ(EN) VAN VALAMIVEL / VALAMI KÉSZ(EN) VAN
	Végeztem a munkával.	Kész(en) vagyok a munkával.
Befejeztem a fordítást.		
	Végeztem a teszttel.	
		Már tegnap kész(en) voltam a házi feladattal.
Ma este be fogom fejezni a fordítást.		

23. ÉRDEKEL, ÉRDEKLŐDIK

A magyar nyelvben gyakran igével fejezzük ki azt, amit más nyelvek melléknévvel oldanak meg. Ilyenkor a probléma – a helytelen használaton túl – az, hogy más jelentést kapunk, mint amit szerettünk volna kifejezni. Nem mindegy, hogy *érdekes vagyok*, vagy *érdekel (engem) valami*. Az sem mindegy, hogy *unalmas vagyok*, vagy *unatkozom*.

It is quite common in Hungarian to use verbs in many cases when other languages use adjectives. In this case the problem – besides incorrect usage – is that the meaning is different from the one we intend to express. There is a difference between *érdekes vagyok* (I am interesting) and *érdekel (engem) valami* (I am interested in something), similarly to *unalmas vagyok* (I am boring) and *unatkozom* (I am bored).

ÉRDEKES – ÉRDEKESNEK TALÁL / TART – ÉRDEKEL ¦ INTERESTING – FIND SOMETHING INTERESTING – BE INTERESTED IN

- (valami) érdekes (valakinek) (something) is interesting (to someone)
  Nagyon érdekes ez a film. This film is very interesting.
- érdekesnek tart/talál (valamit) find (something) interesting
  Érdekesnek találom/tartom ezt a filmet. I find this film interesting.
- (valakit) érdekel (valami) (somebody) is interested (in something)
  Engem nagyon érdekel ez a film. I'm interested in this film very much.

FIGYELEM! – N.B.

Mindig *valami* érdekel *valakit:* engem, téged, önt, őt, minket, titeket, önöket, őket, Annát, a diákot stb.

Someone is interested in something. In Hungarian the person who is interested in something is in accusative case.

KIT?	MI?		KIT?	MIK?	
engem	a zene	érdekel	engem	a régi pénzek	érdekelnek
téged		érdekel	téged		érdekelnek
önt, őt		érdekli	önt, őt		érdeklik
minket		érdekel	minket		érdekelnek
titeket		érdekel	titeket		érdekelnek
önöket, őket		érdekli	önöket, őket		érdeklik

ÉRDEKLŐDIK ¦ INQUIRE

érdeklődik (valakiről, valamiről *v.* valaki, valami iránt) inquire (about someone, something)

- Érdeklődöm → hogy milyen új munkalehetőségek vannak önöknél. / → az új munkalehetőségekről.
  I'd like to know → what new opportunities there are at your company. / → about the new job opportunities.
- Érdeklődöm a művészetek iránt.
  I am interested in arts.

UNALMAS – UNALMASNAK TALÁL / TART – UN ¦ BORING – FIND SOMETHING BORING – SOMETHING BORES SOMEONE / BE BORED BY

- (valami) unalmas (something) is boring
  Olyan unalmas ez a film! This film is so boring!
- unalmasnak talál/tart (valakit, valamit) find (someone, something) boring
  Marci unalmasnak tartja/találja a munkáját. Marci finds his work boring.
- un (valakit, valamit) be bored (with someone, something)
  Marci unja a munkáját. Marci is bored with his work.

UNATKOZIK ¦ BE BORED

- Nincs kedvem semmihez, unatkozom. (nem tudja, mit csináljon, lusta és kedvetlen)
  I don't feel like doing anything, I'm bored. (someone does not know what to do, he/she is lazy and indifferent)

NYELVTANULÁS MÁSKÉPP

Riporter: Köszöntöm kedves hallgatóinkat! A mai műsorban egy új, *érdekes* nyelvtanulási lehetőségről fogunk beszélgetni. Itt van velem a stúdióban az ötlet kitalálója: Szabó Katalin nyelvtanár. Át is adom a szót Katalinnak.

Katalin: Köszönöm! Igen, az idén már második alkalommal indítunk nyelvi táborokat azok számára, akik szeretnének intenzíven és egy új módszerrel gyakorolni egy nyelvet. Egy- vagy kéthetes tanfolyamokat indítunk. Mindennap több csoportban több óránk vagy programunk van, reggeltől estig.

Riporter: *Érdekesen hangzik.* Milyen órarendet kapnak a diákok?

Katalin: Minden diák maga állítja össze az órarendjét. Természetesen mi is segítünk, de ő maga eldöntheti, hogy *mi érdekli:* hagyományos nyelvgyakorlás vagy beszélgetés, esetleg valamilyen kulturális program az adott nyelven.

Riporter: Önöknél nem *unatkoznak* a diákok.

Katalin: Nem. Ha valaki *unalmasnak tart* egy programot, nem kötelező részt venni rajta. Választhat egy másikat. Ez a legfontosabb ebben a nyelvi táborban: mindenki azt tanulja, amit *érdekesnek talál.* Azt gondoljuk, hogy így könnyebb lehet a nyelvtanulás.

Riporter: Ha valakit *érdekel* a tábor, hol *érdeklődhet?*

Katalin: Nálam személyesen vagy az interneten. Minden *érdeklődőt* szeretettel várunk.

MINISZÓTÁR

eldönt: decide
hagyományos: traditional
hallgató: listener
kitaláló: inventor
kötelező: obligatory
műsor: programme
nyelvi tábor: language camp
órarend: timetable
összeállít: compile
ötlet: idea
személyesen: personally
tanfolyam: course

1. **Válaszoljon a kérdésekre a szöveg alapján!**

1. Miért érdekes a nyelvi tábor?

   ....

2. Hogyan készül az órarend?

   ....

3. Miért lehet így könnyebb a nyelvtanulás?

   ....

4. Hol lehet érdeklődni?

   ....

2. **Töltse ki a táblázatot a példa szerint!**

~~az indiai kultúra~~ ▪ a számítógépes játékok ▪ a póker ▪ az akciófilmek ▪ az olimpia ▪ a klasszikus zene ▪ a pszichológia ▪ a magyar városok ▪ a nyelvtanulás ▪ a sakk ▪ a politika ▪ a sportközvetítések ▪ hajókirándulások

SZERINTEM ÉRDEKES	ÉRDEKESNEK TARTOM	SZERINTEM UNALMAS	UNALMASNAK TARTOM
az indiai kultúra	az indiai kultúrát		
SZERINTEM ÉRDEKESEK		SZERINTEM UNALMASAK	

3. **Melyik szó helyes a mondatban?**

0. Téged érdekel / érdeklődsz ez a munka?
1. Szeretnék érdeklődni / érdekelni, hogy megérkezett-e már a csomagom.
2. Érdeklődtem / Érdekeltek az árakról, még van olcsó szállás.
3. Zsuzsi a kiállításon érdeklődött / érdekesnek találta a színeket.
4. Kit érdekel / érdeklődik ez a program?
5. Unatkozom / Unalmas vagyok, nincs kedvem semmihez. Mit csináljak?
6. Ez a tanárnő elég unalmas / érdekes órákat tart. Mindenki unatkozik / unja az óráján.
7. Nem unod / unatkozod még a pizzát? Mindennap pizzát eszel.

4. Írja a megfelelő személyhez, hogy ön szerint kit mi érdekel!

a gyors autók ▪ a történelem ▪ a szép lányok ▪ a legújabb divat ▪ a helyi pletykák ▪ a szappanoperák ▪ a politika

	ÉRDEKLI	ÉRDEKLIK
Villám Marcell autóversenyzőt		
Dr. Öveges József professzort		
Nagy Lili fodrászt		

5. Alkosson mondatokat a három személyről és önmagáról a megadott szavak segítségével!

0. *Villám Marcellt érdeklik a gyors autók. Engem is érdekelnek.*

1. .... – Engem ....
2. .... – Engem ....
3. .... – Engem ....
4. .... – Engem ....
5. .... – Engem ....
6. .... – Engem ....

6. Melyik szó a helyes?

0. *Engem* egyáltalán nem érdekel a fizika.
   (a) Engem b) Nekem c) Velem

1. Az eladó .... szeretnék érdeklődni.
   a) kocsival b) kocsinak c) kocsiról
2. Furcsa, hogy .... találod ezt a könyvet. Szerintem unalmas.
   a) érdekesnek b) érdekesen c) érdekes
3. Minket nagyon .... ez a ház.
   a) érdekli b) érdekel c) érdekelünk
4. Mi sosem ...., mindig rengeteg dolgunk van.
   a) unatkozunk b) érdeklődünk c) vagyunk unalmasak
5. Ti is unjátok a sok .... a tévében?
   a) reklámnak b) reklám c) reklámot
6. Nagyon .... ezek a festmények.
   a) érdekes b) érdekesek c) érdeklődök
7. Nem .... még ezt a sorozatot?
   a) unod b) unalmas c) unatkozol

7. Mi lesz veled, Petikém? Válassza ki a megfelelő szót, kifejezést!

Pista bácsi: Petikém, melyik egyetemre mész a gimnázium után?	
Peti: Még nem tudom, Pista bácsi. Sok minden *érdekel* (0.).	(a) érdekel b) érdekesnek tartom c) érdeklődöm
Pista bácsi: Mi .... (1.)? A matek? A kémia? Engem a gimnáziumban ezek .... (2.).	a) tartasz érdekesnek b) érdekel c) érdeklődik a) érdekesek b) érdekeltek c) érdeklődtem
Peti: Nálunk a matekórák nagyon .... (3.), és kémián is csak .... (4.) szoktam. Viszont a történelem nagyon .... (5.), a nyelvek is, és a földrajzot is .... (6.) tartom.	a) unom b) unatkozom c) unalmasak a) unatkozni b) unalmas c) unalmasnak tartom a) érdekel b) érdeklődöm c) érdekesnek tartom a) érdekel b) érdeklődöm c) érdekesnek
Pista bácsi: .... (7.)! És .... (8.) már az egyetemeken, hogy mit kell tudni a felvételi vizsgán?	a) Érdeklődöm b) Érdekes c) Érdekel a) érdekes b) érdekesek c) érdeklődtél
Peti: Nem, még nem.	
Pista bácsi: Miért nem?	
Peti: Mert már .... (9.) ezt a témát. Mindenki ezt kérdezi.	a) unom b) unatkozom c) unalmas

8. Alkosson mondatokat a megadott szavakkal!

0. Kristóf, a régi órák, érdekel – *Kristófot* érdeklik a régi órák.

1. (én) a politika, nem érdekel

   ....

2. (te) az eladó kiskutyák, érdekel?

   ....

3. nem érdekel, a tanárunk, hogy nincs időnk tanulni

   ....

4. anyukám, nagyon érdekel, hogy mi történik velem

   ....

5. a lakótársad, a sorozatok, is, érdekel?

   ....

6. érdekel, egy hétvégi szalonnasütés, ki?

   ....

9. **Kérdezzen az aláhúzott mondatrészekre!**

0. Engem nagyon érdekel a magyar kultúra. – *Mi érdekel (téged)?*
1. Unom ezt a műsort, nincs benne semmi érdekes.

   ....
2. Az új telefonokról érdeklődtem.

   ....
3. Nagyon érdekes volt az előadás.

   ....
4. Nagyon unalmas volt a koncert, csalódtam benne.

   ....
5. Nagyon érdekelnek a régi filmek.

   ....

24. GONDOL, ÉRT, EGYETÉRT

A *gondol* és *gondolkodik (gondolkozik)*, illetve az *ért, megért, egyetért* igék formai hasonlóságuk miatt keverhetők. Gyakori szavak ezek, amelyek helyes és pontos használata fontos.

The verbs *gondol, gondolkodik* and *ért, megért, egyetért* are easy to mix up due to their similarity. They are frequent words whose correct and proper usage is important.

GONDOL ¦ THINK

1. gondol (valamit) think (something)
   - Azt gondolom, hogy ez a könyv nagyon jó. I think this book is very good.
2. gondol (valamit valakiről, valamiről) think (highly / little) (of someone, something)
   - Azt gondolom erről a könyvről, hogy nagyon jó. I think highly of this book. I have a very good opinion of this book.
3. gondol (valakire, valamire) think about (someone, something)
   - Sokat gondolok rád, nagyon hiányzol.
     I often think about you, I miss you a lot.
   - Sokat gondolok arra, hogy munkát kellene váltanom.
     I'm thinking a lot about changing jobs.

GONDOLKODIK / GONDOLKOZIK ¦ THINK ABOUT / OF

1. gondolkodik/gondolkozik (valamiről) think (about something)
   - Mostanában sokat gondolkodom az élet értelméről.
     Nowadays I'm thinking a lot about the meaning of life.
2. gondolkodik/gondolkozik (valamin) think (of something, doing something)
   - Azon gondolkodom, hogy kiveszek néhány nap szabadságot.
     I'm thinking of taking a few days off.

FIGYELEM! – N.B.

azt gondolom, hogy... = szerintem I think, that ... = in my opinion
A *szerintem* jelentése: *azt hiszem/gondolom, hogy*. Utána nem állhat *hogy* kötőszó.
The conjunction *hogy* (that) cannot be used after *szerintem* (in my opinion) = *Azt hiszem, hogy...* (I think that...)

- Azt gondolom, hogy ma jó idő lesz. = Szerintem ma jó idő lesz.
  I think we will have nice weather today. = In my opinion we'll have nice weather today.

ÉRT ¦ UNDERSTAND

1. ért (valakit, valamit) understand (someone, something)
   - Sajnálom, nem értelek. Nem értem, amit mondasz.
     I'm afraid I can't understand you. I can't understand what you're saying.
2. ért (valamilyen nyelven) understand (a language)
   - Értek kicsit spanyolul. I understand Spanish a little.

MEGÉRT ¦ UNDERSTAND / ACCEPT

megért (valakit, valamit) understand (someone, something)

- Először nem értettem a kérdést, de másodszorra megértettem.
  First I couldn't understand the question, but for the second time I could understand it.
- Megértem, ha nincs időd segíteni.
  I can understand that you don't have any time to help me.

EGYETÉRT ¦ AGREE

1. egyetért (valakivel, valamivel) agree (with someone, something)
   - Mindig egyetértek a feleségemmel, szerencsés vagyok.
     I always agree with my wife, I'm lucky.
   - Nem értek egyet az új törvényekkel. I don't agree with the new laws.
2. egyetért (valakivel valamiben) agree (with someone about something)
   - Egyetértek veled mindenben. I agree with you about everything.

FIGYELEM! – N.B.

Az *egyetért* szó úgy viselkedik, mint az elváló igekötős igék.
The verb *egyetért* (agree) behaves like verbs with verb prefixes that separate.

- Nem értünk egyet.
  We don't agree.
- Ki ért egyet ezzel a javaslattal?
  Who agrees with this proposal?

KÉT IDEGEN

Férfi: Én *ezt* nem *értem!* Miért nem jön már a busz? Az ember hiába nézi meg a menetrendet.

Nő: *Egyetértek*. Teljesen felesleges.

Férfi: Ma is *gondolkodtam rajta, hogy* busszal menjek-e a metróig, vagy inkább gyalog. De ebben a hidegben nem sétálok.

Nő: Teljesen *megértem*.

Férfi: *Gondolom,* ön nem csak a metróig megy ezzel a busszal.

Nő: *Jól gondolja*. Továbbmegyek.

Férfi: Értem. Én most *azon gondolkodom, hogy* mégis elsétálok a metróig.

Nő: Nem azt mondta, hogy hideg van?

Férfi: Na, igen. Persze *megértem, ha* nem akar jönni, csak kérdezem.

Nő: Nem, köszönöm, én maradok.

Férfi: Rendben, *gondoltam*. Jót beszélgettünk. Meghívhatom egy kávéra?

Nő: Nem is tudom, még *gondolkodom*...

MINISZÓTÁR

felesleges: superfluous
gyalog: on foot
hiába: in vain
menetrend: timetable

1. Válaszoljon a kérdésekre a szöveg alapján!

1. Mit nem ért a férfi?

   ....

2. Mivel ért egyet a nő?

   ....

3. Min gondolkodott reggel a férfi?

   ....

4. Mit gondolt jól a férfi?

   ....

5. Min gondolkodik a nő?

   ....

2. Asszociációs játék. Ön kire/mire gondol, ha azt hallja, hogy...

0. macska? *az egérre*
1. spenót? ....
2. boldogság? ....
3. eső? ....
4. kék? ....
5. otthon? ....
6. Magyarország? ....
7. nyár? ....

3. Keresse meg a párokat!

0. *Mit gondolsz?*
1. Értem már, hogy mi a baj.
2. Kicsit értek japánul.
3. Egyetértek veled.
4. Megértem, hogy szomorú vagy.
5. Gondolkodom, még nem tudom.

a) *Mi a véleményed?*
b) Együtt érzek veled.
c) Ugyanaz a véleményünk.
d) Még nem döntöttem.
e) Nem beszélek jól, de értem, amit mondanak.
f) Most már világos!

0.	1.	2.	3.	4.	5.
a					

4. Melyik szó helyes a mondatban?

0. Nem döntöttem, még gondolom / gondolkodom.
1. Azt gondolom / gondolkodom, hogy minden rendben lesz.
2. Nem értem / értek egyet, hogy mi a probléma.
3. Egyetértesz / Értesz olaszul?
4. Azon gondolom / gondolkodom, hová menjünk nyaralni.
5. Gondolod / Gondolkodsz, hogy Dani örül majd az ajándéknak?
6. Szerencsés vagy, hogy a családod mindig egyetért / ért veled.
7. Végre egyetértettem / megértettem a feladatot.

5. Írja be a megfelelő szót a mondatba!

~~érted~~ ▪ értek ▪ gondolkodik ▪ gondolkodott ▪ gondolkodom ▪ gondolta ▪ megért

0. *Érted*, amit mondok?
1. Éva most azon ...., hogy mi történt. Tegnap még nem volt semmi baj.
2. Petra annyit .... ezen a pályázaton, hogy a végén lekéste a határidőt.
3. Ki .... volna, hogy pont itt és most találkozunk?
4. Azt szeretem benne, hogy mindig .... engem.
5. Nem beszélek japánul. Egy szót sem .... abból, amit mondanak.
6. Azon ...., hogy mit csináljunk hétvégén.

6. Alkosson mondatokat a megadott szavakkal!

0. (te) mit, gondol, közlekedés, Budapest – *Mit gondolsz Budapest közlekedéséről?*
1. a magyarázat, a diákok, könnyen, megért
   ....
2. (én) nem egyetért, te
   ....
3. (én) fáradt, megért, hogy, te
   ....
4. (ti) több, hogy, nem, gondol, kell, tanul?
   ....
5. (mi) semmi, nem, ért
   ....
6. (én) örül, hogy, te, egyetért
   ....
7. (mi) gondol, ezt, volna, nem
   ....
8. (én) ért, egyetért, de, nem
   ....

7. Kérdezzen az aláhúzott mondatrészekre!

0. Azon gondolkodom, <u>hogy mit csináljunk hétvégén</u>. – *Min gondolkodsz?*
1. Sajnos nem értünk egyet <u>a főnökünkkel</u>.
   ....
2. Úgy hiányzik Gabi! Éjjel-nappal csak <u>rá</u> gondolok.
   ....
3. <u>Spanyolul</u> értek egy kicsit, de nem beszélek jól.
   ....
4. A barátaim sajnos nem értik meg, <u>hogy nincs sok szabadidőm</u>.
   ....
5. Azt gondolom Katiról, <u>hogy nagyon csinos nő</u>.
   ....

8. A gondolatolvasó. Írja be a szavakat a megfelelő helyre!

Az emberek azt *gondolják* (0.) rólam, hogy ki tudom találni, mit .... (1.). Ez így nem igaz, de abban .... (2.) velük, hogy valóban könnyen a helyükbe tudom képzelni magam.
A buszon és a metrón mindig figyelem az embereket, és arról .... (3.), vajon kik ők: hol élnek, mi a foglalkozásuk, és min .... (4.) általában.
Mindig örülök, ha hallok egy-egy beszélgetést, amikor valaki a gondolatairól beszél. Gyakran én magam is meglepődöm, amikor kiderül, hogy igaz, amit róluk .... (5.).
Pedig csak arról van szó, hogy könnyen .... (6.) az embereket, főleg, ha már ismerem is őket.

0. a) gondolják	b) gondolkodnak	c) egyetértenek
1. a) egyetértek	b) gondolnak	c) megértenek
2. a) egyetértek	b) értek	c) megértek
3. a) gondolom	b) gondolkodom	c) megértem
4. a) egyetértenek	b) értenek	c) gondolkodnak
5. a) egyetértek	b) értek	c) gondolok
6. a) egyetértek	b) gondolkodom	c) megértem

25. SZOKOTT

A *szokott (valamit csinálni)* szerkezet jelentése: valamit rendszeresen, szokás szerint csinál. Múlt idejű alakja és jelen idejű jelentése miatt gyakorlást igényel.

The phrase *szokott (valamit csinálni)* means that someone does something regularly, as a habit. It needs to be practiced because it is in the Past Tense but it refers to a present activity.

SZOKOTT ¦ USUALLY DO/DOES SOMETHING

szokott (valamit csinálni) usually (someone does something)

- Hol szoktatok vásárolni? – Mi mindig ebben a boltban szoktunk vásárolni.
  Where do you usually do your shopping? – We always do our shopping in this shop.
- Milyen idő szokott lenni télen? – Decemberben esni szokott a hó.
  What's the weather usually like in winter? – It usually snows in December.

FIGYELEM! – N.B.

1. A *szok(ik)* igekötő nélküli igét csak múlt idejű formában használjuk *(szoktam, szoktál, szokott, szoktunk, szoktatok, szoktak)*. A forma múlt időt mutat, mégis jelen idejű szokásaink kifejezésére használjuk.
   The verb *szok(ik)* is only used in the Past Tense without a prefix. Although the form suggests Past Tense, we use it to express our regular activities in the present.
2. Sok ige kifejezhet szokást, de ebben az esetben szükséges egy időhatározószó használata is (általában, ritkán, néha stb.). Így tehetjük egyértelművé, hogy a kérdés nem a közeljövőre irányul.
   Several verbs can express a regular activity but in this case you must use an adverb of time (generally, rarely, sometimes, etc.) to make it clear that the question does not refer to the near future.
   - Mikor szoktál ebédelni? = Mikor ebédelsz általában?
     When do you usually have lunch? = When do you generally have lunch?
   - Mikor ebédelsz? = Mikor ebédelsz ma?
     When will you have lunch? = When will you have lunch today?
3. A *szokott* igét gyakran használjuk együtt a *soha sem (sosem), ritkán, néha, gyakran, sokszor, mindig* időhatározószókkal.
   The verb *szokott* is usually used with the following adverbs of time: *soha sem (sosem), ritkán, néha, gyakran, sokszor, mindig*
   - Soha nem szoktunk gyorsétterembe menni.
     We never go to fast food restaurants.
   - Néha szoktunk szaunázni.
     Sometimes we go to a sauna.

4. Amennyiben múlt idejű szokásról beszélünk, a *régen* + az ige múlt idejű alakja a megfelelő szerkezet.
   If we want to express a regular activity in the past, we use *régen* (long ago) + the past tense of the verb).
   - Régen sokat olvastam. Most sajnos nincs rá időm.
     I used to read a lot but nowadays, unfortunately, I'm too busy to read.

TOVÁBBI, GYAKRAN HASZNÁLT IGÉK | OTHER FREQUENTLY USED VERBS

1. megszokik (valamit) = hozzászokik (valakihez, valamihez) get used (to someone, something)
   - Megszoktad már a zajt? = Hozzászoktál már a zajhoz?
     Have you got used to the noise?
   - Már megszoktam, hogy sokat kell várni a buszra. = Már hozzászoktam (ahhoz), hogy sokat kell várni a buszra.
     I've already got used to having to wait long for the bus.
2. rászokik (valamire) takes up the habit of (doing something), start (doing something)
   - Amióta dolgozom, sajnos rászoktam a kávéra.
     Since I started work unfortunately I have taken up the habit of drinking coffee.
3. leszokik (valamiről) give up (something)
   - Nehéz volt leszoknod a dohányzásról?
     Was it difficult for you to give up smoking?

FIGYELEM! – N.B.

A *szokott* igével ellentétben a *megszokik, hozzászokik, rászokik, leszokik* igék használhatók múlt, jelen és jövő időben is.
Unlike the verb *szokott* (usually do/does something) the verbs *megszokik, hozzászokik* (get used to), *rászokik* (take up the habit), *leszokik* (give up the habit) can be used in Past, Present and Future Tense.

	MÚLT IDŐ	JELEN IDŐ	JÖVŐ IDŐ
SZOKOTT	——— *Helyette:* Régen soha nem ittam kólát. I didn't use to drink coke.	Nem szoktam kólát inni. I usually don't drink coke.	——— *Helyette:* Nem fogok többé kólát inni. I'll never drink coke again.
MEGSZOKIK HOZZÁ-SZOKIK	Csak nagyon lassan szoktam meg a koránkelést / szoktam hozzá a koránkeléshez. It took me a long time to get used to getting up early.	Nem tudom megszokni a koránkelést. I can't get used to getting up early.	Soha nem fogom megszokni ezt a hideget / nem fogok hozzászokni ehhez a hideghez. I'll never get used to this cold.
RÁSZOKIK	Tinédzserkoromban szoktam rá a cigire. I was a teenager when I took up smoking.	Nem akarok rászokni az éjszakai munkára. I don't want to take up working late at night.	Vigyázz, mert ha mindennap iszol, rá fogsz szokni az italra! Take care! If you drink every day you'll be addicted to drinking.
LESZOKIK	Feri sokat ivott, de a betegsége miatt leszokott az alkoholról. Feri used to drink heavily but after his illness he gave it up.	Megígértem anyukámnak, hogy leszokom a dohányzásról. I've promised my mum that I'll give up smoking.	Nem ígérem, hogy le fogok szokni a nassolásról. I can't promise that I'll give up eating snacks.

1. Ki mit szokott csinálni? Párosítsa a szövegeket a személyekkel!

János, nyugdíjas

Edina, marketingmenedzser

Anita, titkárnő

Marci, egyetemista

1. Egy irodában dolgozom. Én *szoktam* kávét *főzni* a vendégeknek, felvenni a telefont, válaszolni az e-mailekre, nyomtatni, fénymásolni és postára menni. Gyakran *szoktam túlórázni*, mert mindig sok a munka. Már *megszoktam, hogy* sokat kell dolgozni. Szerencsére a hétvégém szabad *szokott lenni:* szombaton és vasárnap sokat *szoktam* aludni, kirándulni és színházba járni.

2. Minden reggel öt órakor kelek fel, mert *megszoktam, hogy* korán kell indulni a munkába. Most már nem dolgozom, de nem tudok *leszokni a koránkelésről.* Reggel *el szoktam sétálni* a pékségbe, hogy friss zsemlét vegyek a reggelihez. Napközben sokat *szoktam*

pihenni. Végre van időm újságot olvasni, és *rászoktam a pipázásra* is. Hiányzik a munka, de már kezdek *hozzászokni* az új, kényelmes életemhez.

3. Év közben nem *szoktam* túl sokat *tanulni.* Bejárok az órákra, néha könyvtárba is *szoktam menni*, de van időm bulizni és sportolni is. Vizsgaidőszakban viszont fárasztó az élet: egész éjszaka *tanulni szoktam, rászoktam a kávéra*, és ilyenkor a barátaimmal sem *szoktam találkozni.* Szerencsére ez csak egy hónapig tart, utána megint kezdődik a *szokásos:* buli, utazás, szabadság.

4. Egy reklámcégnél dolgozom, reggeltől estig. Elég stresszes a munkám, ezért sajnos sokat *szoktam dohányozni.* Minden órában *rá szoktam gyújtani.* Tudom, hogy egészségtelen, ezért szeretnék *leszokni a cigiről*, de sajnos nem tudok. Az irodában mindenki rohan, rengeteg a munka, és csak cigiszünetben van időnk beszélgetni a kollégákkal. Ilyenkor *szoktunk pihenni* egy kicsit.

MINISZÓTÁR

bejár (iskolába, órákra): go to (school, lessons)
cigiszünet: cigarette break
egészségtelen: unhealthy
fénymásol: photocopy
hiányzik: miss
nyomtat: print
nyugdíjas: pensioner
rágyújt (cigarettára): light a cigarette
reklámcég: advertising agency
rengeteg: a lot of
rohan: rush
túlórázik: work overtime
vizsgaidőszak: exam period

2. Régen és most. Töltse ki a táblázatot!

~~sokat sportol~~ ▪ sokat olvas ▪ minden szombaton bulizik ▪ sokat kártyázik ▪ gyakran utazik külföldre ▪ dohányzik ▪ mindennap kutyát sétáltat ▪ kávézik ▪ sokat internetezik ▪ kertészkedik

RÉGEN	MOST
0. *sokat sportoltam./ nem sportoltam sokat.*	0. *(nem) szoktam sportolni.*
1.	1.
2.	2.
3.	3.
4.	4.
5.	5.
6.	6.
7.	7.
8.	8.
9.	9.

3. Születésnapi szokások. Mi a szokás? Egészítse ki a mondatokat!

~~ünnepelni~~ ▪ gyertyát ▪ ajándékot ▪ szelet ▪ tortát ▪ énekelni ▪ tapsolni

0. Meg szoktuk *ünnepelni*, ha valakinek születésnapja van.

1. Az ünnepeltnek .... szoktunk adni, leggyakrabban virágot, csokit vagy könyvet.
2. A szülinapos szokott kapni egy .... is.
3. A tortára .... szoktunk tenni, annyit, ahány éves az ünnepelt.
4. Mielőtt az ünnepelt elfújja a gyertyákat, ... is szoktunk.
5. Miután elfújta a gyertyákat, ... szoktunk, és mindenki gratulál neki.
6. Az első .... tortát a szülinapos szokta kapni.

4. Esküvői szokások. Írja be a megfelelő szóalakot a mondatokba, majd döntse el, hogy ön szerint igazak vagy hamisak az alábbi állítások!

~~szoktak~~ ▪ szokott ▪ szokás ▪ szoktak ▪ szoktak ▪ szoktak

0. Magyarországon hétvégén nem *szoktak* esküvőt tartani.	IGAZ	<u>HAMIS</u>
1. Az esküvő után bulit (lakodalmat) .... tartani.	IGAZ	HAMIS
2. Régi .... éjfélkor a menyasszonytánc.	IGAZ	HAMIS
3. Nem .... ajándékot adni, mert nem illik.	IGAZ	HAMIS
4. A lakodalom után az ifjú pár nászútra .... menni.	IGAZ	HAMIS
5. A nászútra az ifjú pár szülei is el .... menni.	IGAZ	HAMIS

5. Karácsonyi szokások. Válassza ki a helyes megoldást!

0. Magyarországon december 24-én, szenteste szoktuk ünnepelni a karácsonyt.
   a) december 24-én b) december 25-én c) december 26-án
1. Vagy szenteste napján, vagy még az előtt szoktuk feldíszíteni ....
   a) a karácsonyfát b) az autónkat c) a kutyánkat
2. A gyerekek természetesen sok-sok .... szoktak kapni.
   a) ajándékot b) házi feladatot c) munkát
3. Az ajándékokat a legtöbb családnál a .... szokta hozni.
   a) Mikulás b) Jézuska (kis Jézus) c) kéményseprő
4. Karácsonykor sok magyar családnál szokás .... enni.
   a) halat b) nyulat c) lencsét
5. Ahány ház, annyi szokás, de diós vagy mákos .... biztosan van a karácsonyi asztalon.
   a) torta b) fagyi c) bejgli

6. Húsvéti szokások. Melyik az igaz?

0. Húsvétkor tojást / nyulat szoktunk festeni.
1. A fiúk meg szokták locsolni a lányokat / a virágokat.
2. A fiúk a locsolásért cserébe rántottát / tojást szoktak kapni.
3. A gyerekeknek a húsvéti nyuszi / csirke szokott apró ajándékokat hozni.
4. A gyerekek a kertben szokták megkeresni a sok csokinyuszit / sonkát.
5. A hagyomány szerint a húsvéti reggeli sonka / rántott hús és főtt tojás szokott lenni.

7. Írja be a mondatokba a *szokott* ige megfelelő alakját! Figyeljen a határozatlan és határozott ragozásra!

0. Mi nem ebből a pizzériából szoktunk rendelni.
1. Mi nem ilyen pizzát .... rendelni.
2. A tanárom sok házi feladatot .... adni.
3. A tanárom azt .... mondani, hogy kérdezzek nyugodtan.
4. Mi az autóban .... zenét hallgatni.
5. Én az autóban csak ezt a zenét .... hallgatni.
6. Te hol .... bérletet venni?
7. Te hol .... megvenni a bérletet?
8. Ti hol .... parkolni?
9. Ti hol .... hagyni az autót?
10. Ön gyakran .... itt vásárolni?
11. Ön gyakran .... itt venni a gyümölcsöt?
12. Én nem így .... csinálni a palacsintát.
13. Te .... varrni? Nem is tudtam!

8. Melyik szó helyes a mondatban?

0. Ki szokott / szokott rá gitározni?

1. Mikor szoktatok le / szoktatok rá a dohányzásról?
2. Mikor szoktál le / szoktál rá az éjszakai munkára?
3. Régen nem olvastam / szoktam olvasni sokat.
4. Anna már megszokta / szokta, hogy mindennap túlórázik.
5. Mit szoktál / rászoktál csinálni hétvégén?
6. Amikor gyerek voltam, sokszor játszottam / szoktam játszani a szomszéd gyerekekkel.
7. Régen minden pénteken buliztam / bulizni szoktam.
8. Húsvétkor tojást szoktunk / le szoktunk festeni.
9. Harminc éve még senki nem mobilozott / szokott mobilozni a metróban.

9. Válassza ki a helyes igét!

András: Apukád hogy van? Mostanában nem szoktam (0.) látni reggel a buszmegállóban.	a) szoktam b) rászoktam c) leszoktam
Béla: Jól van, két hónapja nyugdíjba ment.	
András: Igen? És könnyen .... (1.) a nyugdíjaséletet?	a) szokta b) megszokta c) rászokta
Béla: Jól van, igen, nyugodtabban telnek a napjai. Például .... (2.) az ebéd utáni alvásra.	a) szokott b) leszokott c) rászokott
András: Az jó dolog! Hétvégén néha én is .... (3.) aludni egy-két órát.	a) szoktam b) megszoktam c) rászoktam
Béla: Igen, nincs is ezzel semmi baj. De mivel unatkozik, sajnos megint .... (4.) a cigarettára.	a) szokott b) leszokott c) rászokott
András: Igen? Nem is tudtam, hogy .... (5.) dohányzott.	a) szokott b) régen c) leszokott
Béla: Igen, ... (6.) sokat cigizett, de tíz éve teljesen .... (7.). Most viszont megint elkezdte. Szerencsére otthon nem .... (8.) rágyújtani, de így sem örülök.	(6.) a) szokott b) régen c) leszokott (7.) a) szokott b) leszokott c) megszokott (8.) a) szokott b) leszokott c) rászokott
András: Sokszor .... (9.) elmenni hozzá?	a) szoktál b) megszoktál c) rászoktál
Béla: Hetente egyszer meglátogatom, és meccsekre is együtt .... (10.) járni.	a) szoktunk b) megszoktunk c) leszoktunk

MEGOLDÓKULCS

1. KÉR, SZERETNE, AKAR

1. 1. több szabadidőt, utazni, világot látni, sok érdekes emberrel találkozni, megtanulni síelni, 2. sokat dolgozni, 3. süteményt, cigarettát

2. 1. akarok, 2. akarok, 3. szeretnél, 4. akarsz, 5. kérek, 6. akarunk

3.

0.	1.	2.	3.	4.	5.	6.	7.
g	*d*	*f*	*b*	*c*	*e*	*h*	*a*

4. 1. szeretnék, 2. szeretnék, 3. szeretnék/kérek, 4. Szeretnék, 5. Szeretnék/Kérek, 6. szeretnék/kérek

5. **a)** 1. szeretnénk, 2. szeretnénk, 3. szeretnék, 4. akar; **b)** 1. kérek, 2. szeretnél, 3. kérek szépen, 4. kérsz, 5. kérek; **c)** 1. kér/szeretne, 2. kérek/szeretnék, 3. szeretnék; **d)** 1. Kér/Szeretne, 2. szeretnék, 3. kér/szeretne, 4. kérek/szeretnék

6. 1. Nem akarok répát enni!, 2. Nem akarom meginni a teám! / Nem akarok teát inni!, 3. Nem akarok a boltba menni!, 4. Nem akarok aludni!, 5. Nem akarom felvenni a kabátom!, 6. Nem akarok rendet rakni a szobámban!, 7. Nem akarom megcsinálni a leckém!, 8. Nem akarok itthon lenni este 9-re!, 9. Semmit sem akarok! / Nem tudom, mit akarok!

7. 1. A gyerekek csokit kérnek a Mikulástól., 2. A rendőr a jogosítványt kéri az autóstól., 3. A titkárnő egy aláírást kér a főnöktől., 4. Az anyuka nyugalmat kér a gyerekektől., 5. Az unoka tanácsot kér a nagypapától., 6. Az ügyintéző jelszót kér az ügyféltől. (más megoldás is lehetséges)

8. 1. Hol szeretnétek idén nyaralni?, 2. Kivel szeretnél találkozni ma este?, 3. Mikor kérsz enni?, 4. Mit akarsz?, 5. Mit nem akarsz?, 6. Kitől kérsz céges telefont?

9. 1. Mit kérsz tőle?, 2. Mikor szeretnél menni hozzá?, 3. Milyen frizurát akarsz?, 4. Milyen hajat szeretnél?, 5. Mit nem kérsz?

10. 1. Hans és Klaus sok új szót szeretne megtanulni., 2. Laura több házi feladatot kér a tanártól., 3. Dave magyar kollégájától kér segítséget., 4. Sarah a nyelvtant akarja megérteni., 5. A spanyol lányok a kiejtést akarják gyakorolni., 6. Diego új magyar barátokat szeretne., 7. Ivan már régen magyarul szeretett volna tanulni., 8. Joe a magyar nagyszüleivel szeretne beszélgetni., 9. Maria magyar dalokat akar énekelni., 10. Az olasz diákok magyar filmeket kérnek a tanártól.

11. 1. kértem, 2. akartam, 3. szerettem volna, 4. szerettem volna, 5. akartunk, 6. kértem, 7. szerettünk volna

12. 1. b), 2. b), 3. b), 4. b), 5. b), 6. a), 7. a), 8. b), 9. c), 10. a), 11. b)

13. 1. szeretné, 2. szeretnék, 3. kérek/szeretnék, 4. kérek/szeretnék, 5. szeretnék/akarok, 6. szeretnék/akarok

14.

0.	1.	2.	3.	4.	5.	6.	7.
d	*e*	*a*	*c*	*b*	*f*	*h*	*g*

15. Egyéni megoldás

2. SZERET, SZERETNE, UTÁL – IMÁD

1.

	A LÁNY	A FIÚ
Mit szeret?	*a Túró Rudit*	*a Túró Rudit*
Mit szeret csinálni?	*biciklizni*	*biciklizni, fára mászni*
Mit szeretne?	*Túró Rudit* *hallani egy titkot*	*a lánnyal együtt menni* *biciklizni*

2.

Utálok	*főzni, kirándulni, repülni, várni, sorban állni, biciklizni, krimiket olvasni, korcsolyázni, futni, énekelni, táncolni, csetelni, bulizni, vezetni, túlórázni*
Utálom	*a halat, a spenótot, a Túró Rudit, a telet, a hóesést, a karácsonyt, a macskákat, a kutyákat*
Nem szeretek	*főzni, kirándulni, repülni, várni, sorban állni, biciklizni, krimiket olvasni, korcsolyázni, futni, énekelni, táncolni, csetelni, bulizni, vezetni, túlórázni*
Nem szeretem	*a halat, a spenótot, a Túró Rudit, a telet, a hóesést, a karácsonyt, a macskákat, a kutyákat*
Szívesen	*járok moziba, beszélgetek idegenekkel*
Nem szívesen	*járok moziba, beszélgetek idegenekkel*
Szeretek	*főzni, kirándulni, repülni, várni, sorban állni, biciklizni, krimiket olvasni, korcsolyázni, futni, énekelni, táncolni, csetelni, bulizni, vezetni, túlórázni*
Szeretem	*a halat, a spenótot, a Túró Rudit, a telet, a hóesést, a karácsonyt, a macskákat, a kutyákat*
Nagyon szeretek	*főzni, kirándulni, repülni, várni, sorban állni, biciklizni, krimiket olvasni, korcsolyázni, futni, énekelni, táncolni, csetelni, bulizni, vezetni, túlórázni*
Nagyon szeretem	*a halat, a spenótot, a Túró Rudit, a telet, a hóesést, a karácsonyt, a macskákat, a kutyákat*
Imádok	*főzni, kirándulni, repülni, várni, sorban állni, biciklizni, krimiket olvasni, korcsolyázni, futni, énekelni, táncolni, csetelni, bulizni, vezetni, túlórázni*
Imádom	*a halat, a spenótot, a Túró Rudit, a telet, a hóesést, a karácsonyt, a macskákat, a kutyákat*

Több megoldás is lehetséges, a táblázatban minden helyes megoldás szerepel.

3. 1. hogy, 2. sétálgatok, 3. sok, 4. megnézni, 5. magyarokat, 6. Imádom

4. 1. egy dolgot, 2. egy villát, 3. a számlát, 4. egy kiló kenyeret, 5. azt a kenyeret, 6. a házi feladatot, 7. valamit, 8. kilyukasztani a jegyemet, 9. leszállni, 10. ezt a mesét, 11. mesét, 12. téged

5. 1. b), 2. b), 3. b), 4. a), 5. c), 6. a), 7. b), 8. b), 9. b)

6. 1. szeretem, szeretnék, 2. szeretem, szeretnék, 3. szeretnék, szeretem, szeretek, 4. szeretnék, szeretek, szeretem, 5. szeretném, 6. szeretném

7. 1. szerettem volna, 2. akartam, 3. szerettem, 4. szerettem, 5. szerettem volna, 6. beszélgettem, 7. szerettem volna

8. 1. A fiam nagyon szeret rajzolni., 2. A lányom imádja a romantikus sorozatokat., 3. A fiam és a férjem szeretik a focit., 4. A férjem szeretne jövőre maratont futni., 5. A lányom szívesen segít nekem a kertben. 6. Jövő nyáron szeretnék Indiába utazni.

9. 1. szereti őket, 2. szeret engem, 3. utál minket, 4. imádnak engem, 5. szereti őt

10. 11. Egyéni megoldás

12. 1. b), 2. b), 3. c), 4. b), 5. b), 6. b), 7. c), 8. b), 9. c), 10. b), 11. c), 12. b), 13. c)

3. TETSZIK, SZERET, KEDVEL, ÍZLIK

1. Dórinak is tetszenek a színes táskák. Szerinte Zsófi is kedveli a színes holmikat. Ágitól azt kérdezi, hogy szerinte az a táska tetszene-e Zsófinak. Ági szerint nem tetszene neki, mert túl csicsás. Dóri igazat ad Áginak, mert Zsófi inkább az egyszerű dolgokat kedveli, és egy pöttyös táskát javasol. Áginak nagyon tetszik a pöttyös táska, de azt mondja, hogy Zsófinak kicsi lenne, mert nem férnek bele a könyvei. Végül Dóri megtalálja a tökéletes táskát: elég nagy, szép a színe, és egy macska is van rajta. Áginak viszont a pöttyös tetszik nagyon, azt szeretné, ha Dóri megvenné neki születésnapjára. (Több jó mondat is lehetséges, egyéni megoldás a szöveg alapján.)

2.

0.	1.	2.	3.	4.	5.	6.
d	b	a	g	e	f	c

3. 1. Mozart zenéje, 2. a szimfóniák, 3. templomokban is tartanak koncerteket, 4. a Mozart-golyó, 5. Mozart zenéjét

4. 1. Szeretek, tetszik, Kedvelem, 2. Szeretem, tetszett, 3. ízlik, 4. Szeretem, tetszenek, 5. Nem szeretek, nem tetszenek, 6. Szeretek, kedvelem, 7. Nem ízlik

5. 1. Neked milyen ruhák tetszenek inkább?, 2. Mit szeretsz jobban, mint sörözni?, 3. Kinek tetszik nagyon az új divat?, 4. Melyik palacsintát szereted jobban(, mint a túrósat)?, 5. Kinek tetszik minden, ami pöttyös?, 6. Kinek nem ízlett a szusi?, 7. Kiknek tetszett jobban a filmsorozat?

6. 1. szeretek, 2. szereted, 3. tetszik, 4. tetszett, 5. szeretik, 6. tetszik, 7. szeretem, 8. szeretem, 9. ízlik/ízlett

7. 1. Nekem, 2. tetszik, 3. tetszik, 4. Szeretem, 5. Én, 6. tetszik, 7. szeretem

8. 1. szereted, spagettit, szeretem, ételeket, 2. Katinak, tetszenek, házak, 3. szeretek, szeretek, 4. szereted, sorozatot, tetszik, évad(–), 5. tetszik, anyukámnak, szereti, 6. szeretem, szeretem

9. 1. b), 2. c), 3. b), 4. c), 5. c), 6. c), 7. b), 8. c), 9. c)

10. 1. Nagyon szeretem ezeket a könyveket., 2. Nem szeretjük a csípős ételeket., 3. Nekem tetszenek a humoros filmek., 4. Péternek tetszik Anna. / Péter tetszik Annának., 5. Annának nem tetszik Péter. / Péternek nem tetszik Anna.

11. 1. Ki szeret táncolni?, 2. Kinek tetszik a rock?, 3. Ki szeret mindig természetfilmeket nézni?, 4. Ki szeretett volna fiatalon sokat utazni?, 5. Kinek tetszettek csak a hosszú hajú fiúk?

12. 1. szerettem, tetszett, 2. szerette, szerette, 3. ízlett

13. Egyéni megoldás

4. VIDÁM, ÖRÜL, BOLDOG, ELÉGEDETT

1. 1. sok öröm, vidámság és nevetés kell, 2. a család (unokák, dédunokák), 3. mindig tud nevetni, mert mindig történik valami humoros, 4. a család és a jókedv

2. 1. Boldog karácsonyt!, 2. Gratulálok!, 3. Boldog születésnapot!, 4. Boldog névnapot!, 5. Gratulálok!, 6. Gratulálok!

3. 1. Nagyon örülök, 2. Boldog, 3. elégedett, 4. Örülsz, 5. vidám, 6. elégedett

4. 1. b), 2. c), 3. b), 4. a), 5. b)

5. 1. telefonomnak, 2. fogorvosommal, 3. voltunk, 4. lányok, 5. Minek, csokinak, könyvnek, 6. veled

6. 1. Mivel voltál elégedett?, 2. Minek örültél?, 3. Kivel nem voltál elégedett?, 4. Mennyi ideig / Hány évig voltál boldog a férjeddel?, 5. Milyen filmeket kedvelsz?, 6. Kivel vagy nagyon elégedett?, 7. Mivel elégedettek a vendégek?, 8. Mikor voltak boldogabbak?

7. 1. Örülök, hogy találkoztunk., 2. Apa elégedett a fiúkkal., 3. Te szereted a vidám színeket? / Te a vidám színeket szereted?, 4. Boldog vagyok a barátnőmmel., 5. Anna vidám lány., 6. Elégedettek vagyunk a háziorvosunkkal.

8. 1. a), 2. c), 3. b), 4. c), 5. b), 6. c), 7. a), 8. a), 9. c)

9. 10. Egyéni megoldás

5. TESSÉK, EGÉSZSÉGEDRE, SAJNOS, ELFOGLALT

1. az ifjú pár, külön a menyasszony és a vőlegény, a zenekar, a szülők, mindenki egészségére

2. 1. b), 2. b), 3. b), 4. a), 5. a), 6. a), 7. a), 8. c)

3. 1. tessék, 2. bocsánat, 3. Semmi baj, 4. Köszönöm, 5. Szívesen, 6. Sajnos, 7. Sajnálom, 8. Semmi gond, 9. Nem probléma, 10. szívesen

4. 1. foglalt, 2. Tessék?, 3. Tessék!, 4. elfoglalt, 5. Tessék?, 6. foglalt, 7. foglalt, 8. Tessék!

5. 1. Semmi baj!, 2. sajnos foglalt, 3. Boldog új évet!, 4. Sajnálom!, 5. Egészségünkre!, 6. Szívesen!

6. 1. Szívesen segítek., 2. Szívesen elmegyek (veled a strandra)., 3. Szívesen kölcsönadom (neked azt a filmet)., 4. Szívesen elmegyek (bevásárolni a boltba)., 5. Szívesen megírom (a meghívókat).

7. 1. elfoglalt, 2. foglalt, 3. Sajnálom, 4. kár, 5. foglalt, 6. egészségetekre, 7. szívesen

8. 1. elfoglalt, 2. magyar, 3. gratulálok, 4. egészségedre, 5. tessék, 6. sajnos, 7. gond, 8. probléma, 9. baj, 10. kár, 11. sajnálom, 12. mit, 13. foglalt – A borvidék: Tokaj

9. 1. Sajnálom, de nem szeretem a brokkolit., 2. Sajnos elkéstem., 3. Sajnos anyu most nincs itthon., 4. Sajnálom, de a doktor úr ma szabadságon van., 5. Sajnálom, de még nem érkezett meg a csomag., 6. Sajnos nem tudtunk ott lenni.
10. 1. b), 2. a), 3. c), 4. c), 5. c), 6. c), 7. a)
11. 1. foglalt, 2. Sajnos, 3. kár, 4. elfoglalt, 5. sajnálom, 6. Tessék, 7. Szívesen
12. 1. Tessék, 2. szívesen, 3. tessék, 4. Sajnálom, 5. Sajnos, 6. Semmi baj,
13. Egyéni megoldás

6. MEGY, JÁR, SÉTÁL

1.

	PISTA BÁCSI	PETI
1. Milyen iskolába járt/jár?	*gimnáziumba*	*gimnáziumba*
2. Hová járt/jár sportolni?	*a térre*	*az edzőterembe*
3. Hová járt/jár táncolni?	*tánciskolába*	*diszkóba, kocsmába*
4. Kivel járt/jár?	*Vilma nénivel*	*Szilvivel*
5. Mivel/Hogyan akar az állomásra menni?	*gyalog*	*kocsival*

2. 1. járok, 2. jársz, 3. mész, 4. jár, 5. jártál, 6. járnak, 7. jársz, 8. Megy

3.

0.	1.	2.	3.	4.	5.	6.	7.
f	*g*	*c*	*e*	*b*	*a*	*d*	*h*

4. 1. Mikor mész koncertre?, 2. Kivel mész?, 3. Mivel mentek?, 4. Hány percet kell gyalogolni a buszmegállótól a stadionig?, 5. Mit fogtok csinálni a koncert után?
5. 1. b), 2. c), 3. b), 4. a)
6. 1. sétálunk, 2. elmegyünk, 3. gyalogol, 4. elmegyek, 5. megy
7. 1. Hová mész nyaralni?, 2. Milyen gyakran jártok bulizni?, 3. Éva nem szeret villamossal járni, inkább gyalogol., 4. Mi mindennap sokat sétálunk., 5. Én mindenhová gyalog megyek., 6. Elmegyünk hétvégén kirándulni., 7. Miért nem járnak ma a villamosok?
8. 1. nekem, 2. karatézni, 3. messze, 4. busszal, 5. olyan gyakran, 6. jól

7. BESZÉL, MOND, SZÓL, MESÉL

1. 1. cserfes, sohasem áll be a szája, egyfolytában beszél, 2. történet, 3. egyfolytában, 4. nem szól semmit, csendben marad, 5. kíváncsi
2. 1. mond, 2. megbeszél, 3. szól, 4. beszélget, 5. elmond; Az újabb ige: mesél
3. 1. beszéltem, mondta, 2. beszéltünk, 3. beszélt, 4. mondtál, 5. beszélünk, 6. mond
4. 1. b), 2. c), 3. a), 4. a), 5. a), 6. b)
5. 1. mesélte, beszélgetnek, 2. megbeszélnek, beszélgetnek, 3. megbeszélik, 4. beszélnek, 5. elmesélik, beszéltek, 6. Elmondanak, mesélnek, megbeszélik, 7. beszél, beszélgetés, 8. mesélte, mondani, 9. szólt

6.

0.	1.	2.	3.	4.	5.	6.
f	*g*	*a*	*e*	*d*	*c*	*b*

7. **a)** 1. b), 2. a), 3. a), 4. c), 5. c), 6. b); **b)** 1. beszélni, 2. mondott, 3. mondta, 4. megbeszélte, 5. mesélt, 6. beszélgettünk

8. 1. Kivel beszélgettetek?, 2. Mit mondott a tanárotok?, 3. Ki mondta, hogy ma nincs nyitva a könyvtár?, 4. Mit beszéljünk meg?

9. 1. beszélni, 2. beszél, elmesélni, 3. elmeséli, mondtam el, 4. mond, szólt, 5. mondja, szólhatok, megbeszél, 6. mondom, 7. mondta, 8. mondja, beszélnek

10. 1. Kikről szólt a darab?, 2. Miket mesélt a színész?, 3. Miről beszélt sokat?, 4. Kiről beszélt sokat?, 5. Mit mondott el?, 6. Mit mesélt el?, 7. Miket mondott még?, 8. Kivel beszélgetett?

11. 1. Kivel beszélgettél tegnap a buszmegállóban?, 2. Anyukám esténként sokat mesél a gyerekkoromról., 3. A barátnőm két nyelven beszél: magyarul és németül., 4. Elmondok neked egy titkot., 5. Mit mondtak? / Mit mondanak?, 6. Beszélj hangosabban, kérlek!, 7. Ez a könyv egy kislányról és egy macskáról szól.

12. 1. Beszélj, 2. Beszélgess, 3. Beszéld meg, 4. Szólj, 5. Meséld el

13. Egyéni megoldás

8. LÁT, NÉZ, HALL, HALLGAT

1. 1. hallottuk, 2. meghallottam, 3. Odanéztem, láttam, 4. néztünk meg, borozunk

2.

Már láttam / Még sosem láttam	*elefántot, élő cápát, magyar filmet, híres embert az utcán, hastáncot*
Hallottam / Még sosem hallottam	*madarakat énekelni, magyar népzenét, szimfonikus zenekart, erről a zenekarról*

3.

	NÉZEK	HALLGATOK
1. Soha sem 2. Ritkán 3. Néha 4. Gyakran 5. Mindennap 6. Minden reggel 7. Sokszor	*tévét, sorozatokat, meccset, híradót, híreket, időjárás-jelentést, romantikus filmeket, horrorfilmet*	*híreket, időjárás-jelentést, rádiót, zenét, hangoskönyvet, rockzenét, komolyzenét*

4. 1. néztem, 2. Megnéztem, 3. Hallottál, 4. nézek, 5. megnézem, 6. Hallottad, 7. Hallgattam, 8. látok, 9. hallottam

5.

0.	1.	2.	3.	4.	5.	6.	7.	8.
f	*a*	*b*	*c*	*g*	*d*	*e*	*i*	*h*

6. 1. látlak, 2. látsz, 3. látlak, 4. hallok, 5. meghallgatom

7. 1. láttam, 2. hallottam, 3. láttam, 4. láttad, 5. láttam, 6. hallottad, 7. hallottam, 8. hallgattam

8. 1. meghallgatnál, 2. hallgass meg, 3. nézed, 4. megnéztem, 5. látod, 6. láttál, 7. meghallgatnod, 8. nézd
9. 1. d), 2. b), 3. b), 4. c), 5. a), 6. d)
10. 1. néztem, láttam, 2. Hallottad, hallgattam, 3. Meghallgattad, megnéztem, 4. néztem, megláttam, 5. néztem, megnéztem, 6. hallgattam, hallottam
11. a) 1. Megnézem; b) 1. meg tudod nézni, 2. megnézni, 3. megnézem; c) 1. Megnézed, 2. megnézem; d) 1. Megnézed/Megnéznéd, 2. megnéztem
12. Egyéni megoldás

9. TALÁLKOZIK, MEGLÁTOGAT, MEGNÉZ

1. 1. a), c), 2. b), c), 3. a), b)
2.

megnéz	*egy meccset, egy sorozatot, egy filmet, egy kiállítást, egy drámát*
meglátogatja	*a nagymamát, egy külföldi barátját, a rokonokat, a betegeket, a helyi nevezetességeket*
találkozik	*a nagymamával, a barátaival, a családjával, egy régi ismerőssel, egy problémával*

3. 1. c), 2. b), 3. a), 4. b), 5. c), 6. b)
4. 1. találkoztam, 2. Látogassuk meg, 3. veled, 4. megnéztünk, 5. találkozunk, 6. Meglátogatunk, 7. találkozni, 8. Megnézzük
5. 1. Melyik múzeumot látogatnád meg szívesen a híres múzeumok közül?, 2. Kivel találkoznál örömmel a híres színészek közül?, 3. Hol látogattad meg hétvégén a nagypapádat?, 4. Hol néztétek meg az új filmet?, 5. Mikor nézitek meg az új kiállítást?, 6. Mivel nem találkoztál?, 7. Kikkel nézted meg a meccset?
6.

0.	1.	2.	3.	4.	5.	6.
g	*a*	*e*	*f*	*b*	*c*	*d*

7. 1. c), 2. c), 3. a), 4. c), 5. a), 6. a), 7. c), 8. a), 9. c)
8. Múlt idejű alakok: kirándultunk, mentünk, lepakoltuk, ettünk, ittunk, megnéztük, megnéztük, megnéztük, meglátogattuk, találkoztunk, megnézték, meglátogattuk, megnéztük
9. 1. Miért találkoztok a kórház előtt?, 2. Melyik unokatestvéredet látogatjátok meg?, 3. Mikor látogatod meg újra a nagypapádat?, 4. Melyik filmet nézitek meg este a barátnőddel?, 5. Hol nézitek meg a filmet?, 6. Hol találkozol a csoporttársaddal?
10. Egyéni megoldás

10. TUD, ISMER, LEHET, -HAT/-HET

1. 1. IGAZ, 2. HAMIS, 3. IGAZ, 4. IGAZ, 5. HAMIS

2. 3. 4. Egyéni megoldás

5. 1. Kérdezhetek, 2. Adhatok, 3. Megkérdezhetem, 4. Kérhetek, 5. kaphatok, 6. elmehetek

6. 1. Tudom, tudok, 2. Ismerek, tudom, 3. tudom, ismered, 4. tudok, tudom, 5. Tudom, tudok, 6. tudok, 7. ismerek, ismerem, 8. tudok, ismerem

7.

1. Ismerek	*egy jó fogorvost, egy jó viccet, mindenkit*
2. Ismerem	*az egész családot, a számokat, őt jól, őket, Budapestet*
3. Tudok	*egy jó fogorvost, síelni, itt buszjegyet venni, magyarul, itt parkolni, egy jó viccet, zongorázni*
4. Tudom	*a telefonszámát*
5. Lehet	*síelni, itt buszjegyet venni, itt parkolni, hogy elutazom valahová*

8. 1. ismerek, 2. ismerem, 3. ismered, 4. tudom, 5. tudni

9. 1. kérdezhetsz, 2. tudunk, 3. tudod, 4. lehetetlen, 5. tudunk, 6. tudom

10. 1. lehet, 2. ismerem, 3. ismerek/tudok, 4. lehet, 5. tudod, 6. tudom, 7. lehet

11. 1. Hány nyelven tudnak a pincérek?, 2. Mit tudnak sütni?, 3. Kit ismersz?, 4. Kiről nem tudsz semmit?, 5. Mivel/Hogyan lehet fizetni?, 6. Hol tudok parkolni?, 7. Kikkel tudtatok itt jókat beszélgetni?, 8. Mit lehetett tavaly a menzán kapni?

12. 1. Tud szörfölni és csetelni., 2. A fontosabb weboldalakat már ismeri., 3. Tudja, hogyan kell nyomtatni., 4. Tud e-mailt küldeni., 5. Filmeket is le tud tölteni., 6. Kicsit már angolul is tud., 7. Lehet, hogy elmegy egy számítógépes tanfolyamra.

13. 1. b) 2. a), 3. b), 4. b), 5. b), 6. a), 7. b), 8. a), 9. b), 10. a)

14. 15. Egyéni megoldás

11. VAN

1. 1. HAMIS, 2. HAMIS, 3. IGAZ, 4. HAMIS, 5. HAMIS

2. 1. –, 2. van, 3. van, 4. –, 5. –, –, 6. –, 7. van, 8. –, –

3. 1. –, 2. –, 3. –, 4. van, 5. –/van, 6. –/van, 7. –, 8. –, 9. –, 10. –, 11. –, 12. –, 13. –, 14. –, 15. –, 16. van, 17. –/van, 18. –, 19. –, 20. van, 21. van, 22. van, 23. –, 24. –, 25. van, 26. van, 27. –, 28. –, 29. van, 30. van

4. 1. –, 2. –, 3. –, 4. –, 5. van, 6. van

5. 1. van, –, 2. nincs, 3. van, 4. –, 5. van, 6. –, –, 7. –, –

6.

TAGADÁS	ÁLLÍTÁS	TÖBBES SZÁM
0. Nincs leves.	*Van leves.*	*Vannak levesek.*
1. Nincs csípős leves.	*Van csípős leves.*	*Vannak csípős levesek.*
2. A leves nem csípős.	*A leves csípős.*	*A levesek csípősek.*
3. Ma nincs meccs.	*Ma van meccs.*	*Ma vannak meccsek.*
4. Nem ma van a meccs.	*Ma van a meccs.*	*Ma vannak a meccsek.*
5. A meccs nem jó.	*A meccs jó.*	*A meccsek jók.*
6. Itt nincsenek jó pulóverek.	*Itt van jó pulóver.*	*Itt vannak jó pulóverek.*
7. A pulóverek nem szépek.	*A pulóver szép.*	*A pulóverek szépek.*

TAGADÁS	ÁLLÍTÁS	TÖBBES SZÁM
8. Nincs jó pulóverem.	*Van jó pulóverem.*	*Vannak jó pulóvereim.*
9. Peti nem a barátom.	*Peti a barátom.*	*Petiék a barátaim.*
10. Ma nincs hideg.	*Ma hideg van.*	–
11. A lakás nem hideg.	*A lakás hideg.*	*A lakások hidegek.*

7. 1. A leves nem forró., 2. Ki nincs itt?, 3. A kutyánk szép, de nem okos., 4. Nincs macskánk, de van hörcsögünk., 5. A házunkban nincs dolgozószoba, de van garázs., 6. Nincs kedved moziba menni?

8. 1. Mikor volt a téli szünet?, 2. Nagyon finom volt az ebéd., 3. Nem volt szendvics a büfében., 4. Sok munkám volt, ezért nem volt időm., 5. Hol volt a pénztárcád?, 6. Nem volt jó ez a könyv., 7. Renáta 70 kiló volt., 8. A könyv 3500 forint volt.

9. 1. Csak egy pincér volt., 2. Nem volt szalvéta az asztalon., 3. Kicsit hideg volt., 4. Szerintem nem volt fűtés., 5. A leves nagyon finom volt., 6. A pincér legalább hetvenéves volt., 7. Nem volt túl sok desszert., 8. Nem volt jó a csokitorta, nem volt elég édes., 9. A borok kicsit drágák voltak., 10. Egy üveg bor 6000 forint volt.

10. 1. Most is van két kutyám., 2. Milyen a koncert?, 3. Hol vagy?, 4. Ügyesek a fiúk., 5. Zolinak nincs autója.

11. 1. Melyik teremben lesz a matekóra?, 2. Mi lesz az ebéd?, 3. Délután senki nem lesz otthon., 4. Ki lesz a főnök?, 5. Lesz valami dolgod holnap?

12. 1. minden rendben van., 2. szép a szálloda., 3. nincs gond a közlekedéssel., 4. jók a programok., 5. nem rossz az idő., 6. vannak érdekes ételek.

13. 1. volt, –, 2. volt, lesz, 3. volt, van, 4. volt, –, 5. volt, van, lesz, 6. volt, van, 7. volt, –, 8. volt, lesz, 9. volt, van, 10. volt, van

14. 1. Hatéves a macskám. / A macskám hatéves., 2. Van wifi az étteremben?, 3. Magyarországon nincs tenger. / Magyarországnak nincs tengere., 4. A magyar zászló piros, fehér, zöld., 5. Milyen a tea?, 6. A szomszédomnak két kutyája van., 7. Peti még diák., 8. Az új főnökünk nagyon fiatal., 9. Fanninak két testvére van.

15. 1. a), 2. b), 3. b), 4. b), 5. b), 6. b), 7. a), 8. b), 9. b), 10. a), 11. b), 12. b), 13. b), 14. b), 15. b), 16. b), 17. b), 18. b), 19. b)

16. **17.** **18.** Egyéni megoldás

12. MILYEN?, HOGYAN?, MELYIK?

1. 1. b), 2. a), 3. b), 4. b), 5. c), 6. a), 7. b), 8. a), 9. c), 10. b), 11. c), 12. b), 13. b), 13+1. c)

2. 1. Milyen, 2. Milyen, 3. Milyen, 4. Hogyan, 5. Milyen, 6. Milyen, 7. Hogyan

3. 1. milyen, 2. hogy/hogyan, 3. milyen, 4. milyen, 5. milyen, 6. hogy/hogyan, 7. milyen

4. 1. b), 2. c), 3. a), 4. b), 5. c), 6. a), 7. b), 8. a), 9. b)

5. 1. Milyen, 2. Hogy(an), 3. Melyik, 4. Milyen, 5. Melyik, 6. Hogy(an)

6. 1. Milyen jegyet kell venni a metróra?, 2. Milyen autót lehet bérelni?, 3. Hogyan lehet autót bérelni?, 4. Milyen színű a buszjegy?, 5. Milyen taxit érdemes hívni?, 6. Milyenek a magyar ételek?, 7. Melyik étel nem csípős?

7. 1. Milyen volt a verseny?, 2. Milyen volt az idő?, 3. Melyik távot választottad?, 4. Melyik volt a legnehezebb rész?, 5. Milyen volt a szervezés?, 6. Hogy érzed magad?

8. 1. gyorsan, 2. lassan, 3. nehéz, 4. szép, 5. Érdekes

9. 1. Nehezen, 2. rosszul, 3. jól, 4. jobban, 5. nehéz, 6. lassabban, 7. hangosabban, 8. helyesen, 9. pontosan, 10. szebben, 11. lassabban, 12. szépen

10. 1. –, borok, finomak, 2. magyarok, jókedvűek, 3. Ezek a kutyák nagyon barátságosak. 4. Milyenek, –, sajtok, 5. –, fiúk, hangosak, 6. –, lányok, csendesek, 7. –, bútorok, praktikusak, 8. –, bútorok, szépek, 9. –, –, kávézókat

11. 1. kabinok, kicsik, –, kabinok, kabinok, drágák, 2. milyenek, utasok, 3. utasok, –, házaspárok, 4. milyenek, ételek, italok, 5. ételek, frissek, –, rákok, gyümölcsök, 6. programok, jók, 7. programok, érdekesek, –, programok

12. 1. Az új dán film elég érdekes., 2. Az olasz tészták a legfinomabbak a világon., 3. A svájci óra a legpontosabb., 4. Unalmas ez a cikk., 5. Túl kicsi ez a szék., 6. Milyen szendvicsek azok?

13. 1. c), 2. c), 3. b), 4. a), 5. a), 6. b), 7. a), 8. a), 9. c), 10. a), 11. c), 12. c), 13. c), 14. a), 15. a), 16. b)

13. KIS, KICSI, KICSIT, NAGYON, SOK, SOKAT

1. 1. Egy, 2. Mert a kishúga beteg volt, 3. Két centet, 4. Hatot

2. 1. kicsi, 2. kis, 3. kicsi, 4. kicsi, 5. kicsi, 6. kis, kis

3. 1. kis, kicsit, 2. kicsit, kis, 3. kis, 4. kicsit, 5. kicsit, 6. kicsit

4. 1. Sokat, 2. Nagyon, sokat, 3. sokat, 4. Nagyon, nagyon, 5. Nagyon, 6. sokat

5. 1. kevés, sokat, 2. sokat, Kevés, 3. sokat, keveset, 4. Sokan, keveset, 5. kevesen, sokat

6.

0.	1.	2.	3.	4.	5.	6.
e	g	b	a	f	c	d

7. 1. kisebb, 2. legnagyobb, 3. kisebb, sokkal nagyobb, 4. kicsi, legkisebb, 5. több, 6. legtöbb, 7. nagyobb, 8. a legnagyobb

8. 1. Szerintem Oroszország nagyobb., 2. Szerintem Kínában él a legtöbb ember., 3. Szerintem Tokió a világ legnagyobb városa., 4. Szerintem Washington a kisebb főváros., 5. Szerintem Ázsiában több ember él, mint Európában.

9. 1. többet, 2. keveset, 3. kisebb, 4. legkisebbet, 5. sok, 6. sokat, 7. kevés, 8. többet

10. 1. Párizs sokkal nagyobb, mint Debrecen., 2. A szállodában nagyon kicsi volt a szobánk., 3. Ausztria nem sokkal kisebb, mint Magyarország., 4. Anna sok könyvet vesz, mert sokat olvas., 5. Ez csak egy kis probléma., 6. A fiam még nagyon kicsi.

11. 1. Ki nagyon fáradt? (Ki az, aki nagyon fáradt?), 2. Mennyi benzin van a tankban?, 3. Hány autótok van?, 4. Melyik a kisebb?, 5. Mennyit autóztok?

14. VALAMI, AKÁRMI, BÁRMI, MINDEN, SEMMI

1. 1. IGAZ, 2. IGAZ, 3. HAMIS, 4. HAMIS

2.

VALA-	BÁR-/AKÁR-	MINDEN-	SE- (+NEM/SEM)
valahová	*bárhová/akárhová*	*mindenhová*	*sehová*
valahogy(an)	bárhogy(an)/akárhogy(an)	*mindenhogy(an)*	*sehogy(an)*
valamikor	*bármikor/akármikor*	mindig	soha
valamilyen	*bármilyen/akármilyen*	–	semmilyen
valaki	*bárki/akárki*	*mindenki*	senki
valami	*bármi/akármi*	minden	semmi
valakivel	*bárkivel/akárkivel*	*mindenkivel*	senkivel

3. 1. Bármikor, 2. Akármit, 3. bármikor, 4. Akármit, 5. Bármennyi, 6. senkiért, 7. valamikor
4. 1. senkivel, 2. Bárhol, 3. valahol, 4. valahová, 5. Bármit, 6. valaki, senkit, 7. mindenhol, 8. senki, 9. Akármit, 10. bárhogyan
5. 1. c), 2. a), 3. a), 4. b), 5. b), 6. c), 7. a), 8. c)
6. 1. 1) valaki, 2) Bárki, 3) Senki nem; 2. 1) Sehol sem, 2) Valahol, 3) akárhol; 3. 1) valahová, 2) Bárhová, 3) sehová; 4. 1) valamit, 2) Bármit, 3) semmit sem
7. 1. Sehová. / Nem megyek sehová. / Sehová sem megyek., 2. Senkivel. / Nem találkoztam senkivel. / Senkivel sem találkoztam., 3. Senkit. / Nem láttam senkit. / Senkit sem láttam., 4. Sehol. / Nem dolgozom sehol. / Sehol sem dolgozom., 5. Senki. / Nem jön ma hozzám senki. / Senki sem jön ma hozzám.
8. 1. A városban sehol sem jó a kávé., 2. Mindent láttam., 3. Mindent tudok., 5. Semmivel sem értünk egyet., 6. Nekem mindig minden sikerül., 7. Senkinek sem ajánlom ezt a filmet., 8. Neked soha nem jó a kedved?, 9. Mindegyik feladatot értem., 10. Senkivel nem/sem szeretnék találkozni., 11. A baleset után sehonnan sem kaptunk segítséget.
9. 1. Most sehová sem megy taxival., 2. Most sehonnan sem kap koncertmeghívókat., 3. Most mindenért fizetnie kell., 4. Most mindenhol be kell mutatkoznia, mert sehol sem ismerik., 5. Most minden drága neki, semmit nem/sem tud kifizetni., 6. Most úgy érzi, semmit sem tehet meg. 7. Most senkit nem ismer a popzene világában.

15. ITTHON, OTTHON, HAZA

1. 2. Kollégák telefonálnak, 3. Barátok színházba indulnak, 4. Osztálytársak csetelnek, 5. Boltban, 6. Buliban, 7. Szomszédok
2. itthonról/otthonról: elindul, jön, dolgozik, megy, telefonál; itthon/otthon: főz, alszik, olvas, dolgozik, tévét néz, telefonál, hagy; haza...: jön, megy, telefonál
3. Igen, itthon vagyok.: 1, 3, 4; Nem, nem vagyok otthon.: 2, 5
4. 1. itthon, 2. otthon, 3. otthon, 4. itthon, 5. otthon
5.

0.	1.	2.	3.	4.	5.
e	*a*	*f*	*c*	*d*	*b*

6. 1. Önnél, 2. hozzád, 3. nálunk, 4. hozzám, 5. Tőled, 6. Kinél, 7. hozzád, 8. hozzá, 9. Kikhez, 10. Önöknél, 11. Kiktől

7. **1.** 1. Nálam, 2. nálad, 3. otthon; **2.** 1. itthonról, 2. otthonról, 3. hozzád, 4. haza; **3.** 1. haza, 2. Nálam, 3. nálad, 4. Otthon, 5. hozzám

8. 1. nála, 2. otthon, 3. haza, 4. náluk, 5. tőlük, 6. náluk, 7. nálad

9. 1. tőletek, nálatok, 2. hozzánk, 3. nálatok, 4. nálatok, 5. hozzánk, hozzátok

10. 1. Már 10 órakor elindultam itthonról., 2. Elmentem a barátomhoz, és nála ebédeltünk/ebédeltem., 3. Délután elmentem a nagymamámhoz sütit sütni., 4. Nagyon szeretek a nagymamámnál lenni., 5. A nagymamámtól hatkor indultam haza., 6. Vittem haza sok sütit.

11. **a)** 1. Kihez?, 2. Kinél?, 3. Kitől?, **b)** 1. Hová?, 2. Hol?, 3. Honnan?

12. 1. b), 2. c), 3. b), 4. b), 5. c), 6. c), 7. a), 8. c), 9. c)

16. HÁNY? HÁNYSZOR? HÁNYAS? HÁNYAN?

1. 1. c), 2. c), 3. a), 4. a), 5. b), 6. b)

2. 1. Kettő, 2. kettő, 3. kettő, 4. Két, kettő, kettő, kettő, 5. kettő, 6. kettő

3. 1. Hányszor, 2. Hány, 3. Hányan, 4. Hányas, 5. Milyen gyakran, 6. Hányas

4. 1. a), 2. b), 3. a), 4. a), 5. c), 6. a)

5. Egyéni megoldás: pl. havonta kétszer, évente ötször

6. 1. Hárman, 2. Háromszor, 3. Ötös, 4. Egyedül, 5. Tizenkétszer, 6. Hatan, 7. tízezresem, 8. 2008-as, 9. 101-es

7. 1. Hányan mentek Párizsba?, 2. Hányszor voltál Londonban?, 3. Hány szoba van a lakásotokban?, 4. Hetente hányszor jársz úszni?, 5. Hányan vagytok a csoportban?, 6. Hányas lába van apukádnak?

8. 1. b), 2. c), 3. b), 4. b), 5. b), 6. c), 7. c), 8. b), 9. a), 10. b), 11. b)

17. HÁNYADIK? HÁNYADSZOR? HÁNYADIKA? HÁNYADIKÁN?

1. 1. HAMIS, 2. HAMIS, 3. IGAZ, 4. IGAZ

2. 1. ezer, 2. nulla, 3. öt, 4. tizenöt

3. 1. Tizennegyedik, 2. Harmadik, 3. Második, 4. Első, 5. Második, 6. Negyedik

4. 1. százharmincnyolcadik oldal, 2. negyedik feladat, 3. egyéni megoldás, 4. a százkilencvenötödik oldalon, 5. a negyvenkettedik oldalon

5. 1. huszonnegyedike, 2. huszonötödike, huszonhatodika, 3. elseje, 4. elseje, 5. hatodika

6. 1. tizenötödikén, 1848-as, 2. huszadikán, 3. huszonharmadikán, 1956-os

7. 1. elsején, 2. másodszor, 3. harmadik, 4. először

8. **a)** 1. kétszer, 2. második emeleten, 3. tizenkettes teremben, 4. kettőkor, 5. ketten; **b)** 1. harmadikán, 2. háromszor, 3. háromkor, 4. harmadik emeleten, 5. hármas teremben, 6. hárman; **c)** 1. első, 2. két, 3. ketten, 4. huszadikán, 5. négyszer, 6. ötödször; **d)** 1. huszonkettes, 2. ötös, 3. ötödik, 4. negyedikén, 5. kétezeregy, 6. Hatodik, 7. tizennégy

9. 1. hatodik, 2. hányadikán, 3. sokszor, 4. kétszer, 5. harmadszor, 6. első, 7. két, 8. Harminckettő, 9. hármas, 10. második, 11. Negyed

10. 1. Hányadik emeleten laksz?, 2. Hányadika van ma?, 3. Hányadikán utazol Japánba?, 4. Hányadik oldalon van a könyvben a megoldókulcs?, 5. Hányadik volt a Bayern München a bajnokságban?

18. IDŐ, ÓRA

1. 1. HAMIS, 2. HAMIS, 3. IGAZ, 4. HAMIS, 5. IGAZ
2. 1. ébresztőóra, 2. falióra, 3. határidő, 4. határidőnapló, 5. időpont, 6. karóra, 7. nyelvóra, 8. parkolóóra, 9. stopperóra, 10. szabadidő, 11. szünidő, 12. menetidő, 13. időjárás, 14. munkaidő, 15. órabér, 16. időeltolódás
3. 1. idő, 2. idő, 3. óra, 4. óra, 5. óra, 6. idő, 7. idő, 8. idő, 9. idő, 10. óra
4. 1. korábban, 2. óra, 3. ritkán, 4. óra, 5. idő, 6. időm
5. 1. szabadidőd, 2. szabadidőm, 3. szabadideje
6. 1. negyed kilenc, 2. fél nyolc, 3. háromnegyed kilenc, 4. fél egy, 5. hat óra, 6. negyed tizenkettő, 7. dél, 8. háromnegyed tíz, 9. fél hat, 10. fél nyolc
7. 1. negyed tízre, 2. háromnegyed nyolctól, 3. fél kilenckor, 4. fél tizenkettőig, 5. négy, 6. fél tizenkettőre, 7. negyed kilenctől, 8. éjfélkor, 9. háromnegyed kilenckor, 10. negyed kettőre, 11. fél tízig
8. 1. fél kilenc, 2. háromnegyed öt, 3. fél tíz, 4. negyed hét, 5. negyed nyolc, 6. negyed négy
9. 1. Milyen az idő?, 2. Hánykor / Hány órakor kezdődik?, 3. Mettől meddig / Hánytól hányig tart?, 4. Hány órára foglaltál asztalt?, 5. Hányra / Hány órára kaptál időpontot?, 6. Mettől meddig tart a konferencia?, 7. Mettől meddig tart a nyári szünet?
10. Egyéni megoldás
11. 1. van időm, 2. nem volt időm, 3. magyarórán, 4. negyed órát, 5. fél órát, 6. idő, 7. háromnegyed órát, 8. háromnegyed 1-kor
12. 1. Már háromnegyed 10 van?, 2. Hány órakor jön a buszod?, 3. Kevés időm van., 4. Milyen az idő?, 5. Van időd mindent megtanulni?, 6. (Te) Reggel vagy este tanulsz?, 7. Remélem, hogy jó idő lesz, mert nem viszek esernyőt., 8. Mióta van okosórád?, 9. Esős időben nem megyünk az állatkertbe.
13. 1. idős, 2. dél, 2. idő, 3. spanyol, 4. kilenc, 5. től, 6. negyed, 7. egy, 8. gyors, 9. nagyon, 10. nyolc, 11. óra
Megfejtés: pontos

19. RÉGEN, MOSTANÁBAN, MAJD

1. 1. HAMIS, 2. IGAZ, 3. HAMIS, 4. HAMIS
2. 1. legközelebb, 2. Régen, 3. Utoljára, 4. Azonnal, 5. Majd
3. 1. később, 2. utoljára, 3. mindjárt, 4. régen, 5. rögtön, 6. majd
4. 1. régen, 2. Utoljára, 3. Régen, 4. mostanában, 5. azonnal, 6. majd legközelebb
5. 1. régen, 2. múltkor, 3. először, 4. mostanában
6. 1. a), 2. a), 3. a), 4. b), 5. c), 6. b), 7. a), 8. b), 9. c), 10. a), 11. b)
7. 1. Miért nem érsz rá?, 2. Hová mész először?, 3. Mikor találkozunk?, 4. Hol láttál a múltkor?, 5. Mit csinálsz sokat mostanában?, 5. Mikor találkoztál Évával?

20. MÁR, MÉG

1. 1. HAMIS, 2. IGAZ, 3. IGAZ, 4. IGAZ
2. 1. már, 2. Már, 3. még, még, 4. még, már, 5. még, még, 6. még, már
3. 1. már, 2. még, Még, 3. már, 4. már, 5. már
4. 1. Még, Már, 2. Még, Már, 3. Már, 4. Már, 5. Még, 6. Még, 7. Már
5. 1. Még, még, 2. Már, Már, 3. Még, már, 4. Már, még, 5. még, már, 6. még, már
6. 1. még, már, 2. már, 3. még, már, 4. már, még, 5. még, már, 6. már, még, 7. még, már
7. 1. Jövök (már), csak (még) felveszem a kabátomat., 2. Leülök (már), csak (még) behozom a sütit., 3. Segítek (már), csak (még) megírok egy sms-t., 4. Csinálom (már), csak (még) megiszom a teát., 5. Hozom (már), csak (még) elolvasok egy e-mailt., 6. Mutatom (már), csak (még) befejezem az ebédet., 7. Megyek (már) tanulni, csak (még) megnézek egy részt a sorozatból.
8. 1. Már megint, 2. még mindig, 3. már megint, 4. már megint, 5. még mindig, 6. még mindig
9. 1. még nem kezdődött el., 2. már nem nézem., 3. még nincs., 4. már nem szeretett legózni., 5. még nem vagyok fáradt., 6. már nincs., 7. még nincs., 8. még nem találkoztam., 9. már nincs.
10. 1. A fejem még fáj, de a hátam már nem., 2. Az orrom még folyik, de a hasam már nem fáj., 3. Gyógyszerem még nincs, de vitaminom már/még van., 4. Aludni még nem tudok, de enni már igen., 5. Tegnap még volt lázam, de ma már nincs.
11. Egyéni megoldás

21. HA – AKKOR, NEM – HANEM, HOGY, -E, AKI, AMI

1. 1. Azt szeretné megtudni, hogy együtt marad-e a párjával., 2. Semmit sem lát., 3. Nem tudja megmondani, hogy mi miért történik, hogy kivel lesz együtt., 4. Akkor tud többet mondani, ha ő (a férfi) is elmegy hozzá.
2. 1. hanem, 2. hanem, 3. de, 4. de, 5. hanem
3. 1. Nem – hanem, 2. Nem – hanem, 3. Ha – akkor, 4. Ha – akkor, 5. Ha – akkor, 6. Nem – hanem, 7. Ha – akkor
4. 1. hogy, 2. amit, 3. hanem, 4. aki, 5. ha, 6. ahol, 7. amikor, 8. hanem, 9. hogy, 10. hogy
5. 1. ha, akkor, 2. Ha, akkor, 3. amikor, 4. amikor, 5. akkor, amikor
6. 1. (Mi) nem Görögországba szeretnénk utazni, hanem Spanyolországba., 2. (Ők) nem japánul akarnak tanulni, hanem magyarul., 3. A barátom nem kávét rendel, hanem teát., 4. (Mi) nem 8-kor találkozuk, hanem 9-kor., 5. Ez nem hal, hanem csirke.
7. 1. ami, 2. ahonnan, 3. ahol, 4. amikor, 5. akivel, 6. ahová, 7. Aki, 8. Bárki, akinek, 9. amit, 10. amivel
8. 1. akivel, 2. akik, 3. akinél, 4. ahol
9. 1. b), 2. b), 3. b), 4. b), 5. b), 6. a), 7. b), 8. c)
10. 1. Elnézést, meg tudná mondani, hogy hol lehet átszállni a metróra?, 2. Meg tudja mondani, hogy hol lehet buszjegyet venni?, 3. Nem tudom pontosan, hogy mikor kell leszállnom., 4. Bocsánat, nem tudja véletlenül, hogy megáll-e ez a busz a Kossuth térnél?
11. 1. b), 2. b), 3. c), 4. b), 5. a), 6. b), 7. c), 8. a), 9. c), 10. a), 11. c), 12. c), 13. c), 14. b)

12. 1. -e, 2. –, 3. –, 4. -e, 5. -e, 6. -e, 7. –
13. 1. hogy mi fog a legjobban tetszeni.; hogy hol fog tudni úszni.; hogy a magyarok hogyan ünneplik a karácsonyt.; 2. hogy a magyarok tényleg sok levest esznek-e.; hogy a magyarok valóban barátságosak-e.; hogy a magyar nők igazán olyan szépek-e.
14. Egyéni megoldás

22. KEZDŐDIK, VÉGE

1. 1. Nyolckor., 2. Délelőtt., 3. Tízkor vagy negyed tizenegykor., 4. Fél tizenkettőre.
2. 1. koncert, 2. iskola, 3. vonat, 4. alma
3.

KÉSZ/KÉSZEN VAN, VÉGEZ	*a leckével, a takarítással, a bevásárlással*
VÉGE VAN	*a nyárnak, a nyaralásnak, a hétvégének, a bajnokságnak*
KEZDŐDIK	*a szünet, a híradó, a munka, a strandszezon*
INDUL	*a busz, a vonat, a repülőgép*
BEFEJEZI	*a házi feladatot, a reggelit, a munkát*

4. 1. kezdődik, 2. indul, 3. Kezdődik, 4. lesz vége, 5. befejeztem, 6. kezdődik
5. 1. b), 2. c), 3. b), 4. a), 5. a)
6.

0.	1.	2.	3.	4.
e	*d*	*a*	*c*	*b*

7. 1. kész/készen van, 2. kezdődik, 3. vége van, 4. kezdődik, 5. vége van, 6. kezd, 7. kész/készen van
8. 1. befejeződik, 2. befejezni, 3. elkezdődött, 4. elindulni
9. 1. kezdődik, 2. befejezni, 3. végzel, 4. indul, 5. érkezünk meg, 6. kész
10. 1. a), 2. b), 3. c), 4. b), 5. b), 6. a), 7. a), 8. a), 9. b)
11. 1. Mikor fejezed be a tanfolyamot?, 2. Már tegnap kész(en) voltunk a kerti munkákkal., 3. Mikor végeztek a leckével?, 4. A film nyolckor kezdődik, és már tízkor vége van., 5. Este kilenckor indulunk busszal. / Este kilenckor indul a buszunk.
12.

BEFEJEZ VALAMIT	VÉGEZ VALAMIVEL	VALAKI KÉSZ(EN) VAN VALAMIVEL VALAMI KÉSZ(EN) VAN
Befejeztem a munkát.	*Végeztem a munkával.*	Kész(en) vagyok a munkával.
Befejeztem a fordítást.	*Végeztem a fordítással.*	*Kész(en) vagyok a fordítással.*
Befejeztem a tesztet.	Végeztem a teszttel.	*Kész(en) vagyok a teszttel.*
Befejeztem a házi feladatot.	*Végeztem a házi feladattal.*	Már tegnap kész(en) voltam a házi feladattal.
Ma este be fogom fejezni a fordítást.	*Végeztem a fordítással.*	*Kész(en) vagyok a fordítással.*

23. ÉRDEKEL, ÉRDEKLŐDIK

1. 1. Mindenki azt tanulja, amit érdekesnek tart., 2. Minden diák maga állítja össze az órarendjét., 3. Mindenki azt tanulja, amit érdekesnek tart., 4. Katalinnál személyesen vagy az interneten.
2. Érdekes/unalmas: a póker, a klasszikus zene, a pszichológia, a nyelvtanulás, az olimpia, a sakk, a politika; Érdekesek/unalmasak: a számítógépes játékok, az akciófilmek, a magyar városok; Érdekesnek/unalmasnak tartom: a számítógépes játékokat, az akciófilmeket, a magyar városokat, a pókert, a klasszikus zenét, a pszichológiát, a nyelvtanulást, az olimpiát, a sakkot, a politikát
3. 1. érdeklődni, 2. Érdeklődtem, 3. érdekesnek találta, 4. érdekel, 5. Unatkozom, 6. unalmas, unatkozik, 7. unod
4. Villám Marcellt / Öveges Józsefet / Nagy Lilit érdekli / nem érdekli a történelem, a legújabb divat, a politika; Villám Marcellt / Öveges Józsefet / Nagy Lilit érdeklik / nem érdeklik a gyors autók, a szép lányok, a helyi pletykák, a szappanoperák
5. Egyéni megoldás
6. 1. c), 2. a), 3. b), 4. a), 5. c), 6. b), 7. a)
7. 1. b), 2. b), 3. c), 4. a), 5. a), 6. c), 7. b), 8. c), 9. a)
8. 1. (Engem) nem érdekel a politika., 2. Érdekelnek (téged) az eladó kiskutyák?, 3. A tanárunkat nem érdekli, hogy nincs időnk tanulni., 3. Anyukámat nagyon érdekli, hogy mi történik velem., 4. A (te) lakótársadat is érdeklik a sorozatok?, 5. Kit érdekel egy hétvégi szalonnasütés?
9. 1. Mit unsz?, 2. Miről/Mikről érdeklődtél?, 3. Milyen volt az előadás?, 4. Mi volt nagyon unalmas?, 5. Mik érdekelnek?

24. GONDOL, ÉRT, EGYETÉRT

1. 1. A férfi nem érti, hogy miért nem jön a busz., 2. A nő egyetért azzal, hogy felesleges megnézni a menetrendet., 3. A férfi azon gondolkodott reggel, hogy busszal menjen-e a metróig., 4. A férfi jól gondolta, hogy a nő nem csak a metróig megy ezzel a busszal., 5. A nő azon gondolkodik, hogy találkozzon-e a férfival egy kávéra.
2. Egyéni megoldás
3.

0.	1.	2.	3.	4.	5.
a	*f*	*e*	*c*	*b*	*d*

4. 1. gondolom, 2. értem, 3. Értesz, 4. gondolkodom, 5. Gondolod, 6. egyetért, 7. megértettem
5. 1. gondolkodik, 2. gondolkodott, 3. gondolta, 4. megért, 5. értek, 6. gondolkodom
6. 1. A diákok könnyen megértik a magyarázatot., 2. (Én) Nem értek egyet veled., 3. (Én) Megértem, hogy (te) fáradt vagy., 4. (Ti) Nem gondoltátok/gondoljátok, hogy többet kell tanulni?, 5. (Mi) Semmit nem értünk., 6. (Én) Örülök, hogy (te) egyetértesz velem., 7. Ezt nem gondoltuk volna., 8. Értem, de nem értek egyet.

7. 1. Kivel nem értetek egyet?, 2. Kire gondolsz?, 3. Milyen nyelven értesz egy kicsit?, 4. Mit nem értenek meg a barátaid?, 5. Mit gondolsz Katiról?

8. 1. b), 2. a), 3. b), 4. c), 5. c), 6. c)

25. SZOKOTT

1. János, nyugdíjas: 2; Edina, marketingmenedzser: 4; Anita, titkárnő: 1; Marci, egyetemista: 3

2.

RÉGEN	MOST
1. sokat olvastam. / nem olvastam sokat.	*1. (nem) szoktam olvasni.*
2. minden szombaton buliztam. / nem buliztam minden szombaton.	*2. (nem) szoktam minden szombaton bulizni.*
3. gyakran utaztam külföldre. / nem utaztam gyakran külföldre.	*3. (nem) szoktam gyakran külföldre utazni.*
4. dohányoztam. / nem dohányoztam.	*4. (nem) szoktam dohányozni.*
5. mindennap kutyát sétáltattam. / nem sétáltattam kutyát mindennap.	*5. (nem) szoktam mindennap kutyát sétáltatni.*
6. sokat kártyáztam. / nem kártyáztam sokat.	*6. (nem) szoktam sokat kártyázni.*
7. sokat interneteztem. / nem interneteztem sokat.	*7. (nem) szoktam sokat internetezni.*
8. kávéztam. / nem kávéztam.	*8. (nem) szoktam kávézni.*
9. kertészkedtem. / nem kertészkedtem.	*9. (nem) szoktam kertészkedni.*

3. 1. ajándékot, 2. tortát, 3. gyertyát, 4. énekelni, 5. tapsolni, 6. szelet

4. 1. szoktak (IGAZ), 2. szokás (IGAZ), 3. szoktak (HAMIS), 4. szokott (IGAZ), 5. szoktak (HAMIS)

5. 1. a), 2. a), 3. b), 4. a), 5. c)

6. 1. a lányokat, 2. tojást, 3. nyuszi, 4. csokinyuszi, 5. sonka

7. 1. szoktunk, 2. szokott, 3. szokta, 4. szoktunk, 5. szoktam, 6. szoktál, 7. szoktad, 8. szoktatok, 9. szoktátok, 10. szokott, 11. szokta, 12. szoktam, 13. szoktam

8. 1. szoktatok le, 2. szoktál rá, 3. olvastam, 4. megszokta, 5. szoktál, 6. játszottam, 7. buliztam, 8. szoktunk, 9. mobilozott

9. 1. b), 2. c), 3. a), 4. c), 5. b), 6. b), 7. b), 8. a), 9. a), 10. a)

KIADVÁNYAJÁNLÓ